ここがおかしい
日本人
の英文法 II

T.D.ミントン 著　青木 義巳 訳

研究社

はじめに

　本書は前著『ここがおかしい日本人の英文法』同様、いわゆる「初心者」(beginners) を対象として書かれたものでもなければ、英語の研究をライフワークとしている人々に、新たな洞察を与えることを目的とした本でもありません。本書はその両極の中間にあって、なお英語に熟達することに興味を持ち続けている多くの日本人学習者に向けて書かれたものです。

　どうすれば英語の力がつくのか、という質問に対して、例えば「読書量を増やすこと」と答えることは簡単です。しかし、そのような問いに対して私が本当に望んでいるのは、みなさんに「翻訳式学習法」(translation method) を捨てていただくことです。これはいかなる言語であれ、外国語習得における最も大きなハードルと言えるかもしれません。

　目標言語 (target language) を理解するうえで翻訳に頼ることは、外国語学習の初期段階においては避けられないことですが、この方法にはいくつかの問題点があります。まず、「スピードが遅くなること」——外国語を話す・書く前に、いちいち別の言語へ置き換えていたのでは、言葉を流暢に操れるようにはなりません。さらに大きな問題は、この translation method が外国語の微妙なニュアンスを捉える障害になるという点です。本書 17 章で取り上げる副詞の ever などはその一例です。ever が「英語で」いかなる意味を表すかを考えずに、この語を機械的に日本語の「今までに」と結びつけてしまうと、例えば、I have ever been to Hong Kong. のような文がなぜ間違いであるのかを理解することは難しくなります。

それ以上に深刻な問題が生じるのは、ある英語表現に「相当する」表現が別の言語に存在しない場合です。

　例えば、「I'm going to see him. と I saw him. のあいだには大きな違いがある」。日本人の英語学習者にこんな当たり前のことを言っても笑われるだけかもしれませんが、では同じことを過去時制を持たない言語の話者に対して言ったら、どのような反応が返ってくるでしょうか。その人は笑わないと思います。その人はこう考えるかもしれません。自分たちの言葉では両者は区別できないから、その違いは重要ではない、無視してかまわない、と。

　そして、多くの日本人がこれと同じような反応を示すと思われるのが、I'm going to see him. と I will see him. の違いです。日本語では両者を区別することが難しいという理由で、あるいは日本語の訳語を介して英語を理解することに慣れてしまっているために、彼らはその違いは重要ではないと考える傾向があります。あるいは仮に違いを認識することができたとしても、彼らはそれをわざわざ日本語に訳出しようとします。英文における微妙なニュアンスの違いを正確に伝えようとして、不自然な日本語を作ってしまうのです。同じことは、過去形と完了形の違いについても言えます（will と be going to の違い、過去形と完了形の違いについては、前著『ここがおかしい日本人の英文法』1〜2, 9, 12 章をご覧ください）。

　もちろん、これは英語に限ったことではありません。例えば、日本語の「ありがとうございます」と「ありがとうございました」を英語で区別することは不可能です。区別して訳出しようとすること自体に意味がありません。しかし日本語のノンネイティブスピーカーとして、私は２つの文の違いを、「日本語の用法」に即して理解しようと努めなければなりません。同じように、英語のノンネイティブスピーカーであるみなさんにも、英語における微妙なニュアンスの違いを、「英語の用法」に即して理解するよう努力していただきたいのです。その際、英語のニュアンスを日本語で「説明」するのはかまいません。しかし、

それを日本語に「訳出」しようとするのは、丸い穴に四角い釘を打ち込む (knock a square peg in a round hole) ようなものです。

　前著と同様、この続編も、日本人に見られる英語の諸問題を、日本語ではなく英語の用法に即して説明しようと試みたものです。けっして網羅的な内容ではありませんが——前回は主に動詞の時制を、本書では主に形容詞と副詞を扱っています——、日本人に共通する文法・語法の問題に関しては、今後も地道に検討を続けていくつもりです。

　読者のみなさんの英語力向上に、本書が少しでも役に立つことを願っています。

　私の原稿を翻訳してくださった青木義巳氏のご尽力に感謝します。実際に本のかたちに仕上げるにあたっては、研究社出版部の西山広記氏にお世話になりました。また、日本人の同僚の先生方には、特定の文法事項が日本でどのように教えられているかについて、いろいろと貴重な示唆をいただきました。この場を借りてお礼申し上げます。

2002年1月

T. D. ミントン

目　次

はじめに iii

1. 受動態の用法（その 1）.. 1
　　　～作り方の基本～
- 能動態の目的語、受動態の主語 1
- ...ed 形と ...ing 形を混同しないように 3
- by 以外の前置詞について 5

2. 受動態の用法（その 2）.. 9
　　　～受動態にすべきか、能動態にすべきか～
- 受動態にすると不自然な動詞 9
- by ... つき受動態と by ... なし受動態 11
- 既知の情報を先に、新しい情報をあとに 13
- by のあとには新しい情報がくることが多い 18
- どこに関心があるか 22
- The cat was named Cedric by the children. について 24
- ジーンズが先か若者が先か 25
- 受動態嫌いのワープロソフト？ 28
- 能動態が万能とは限らない 29

3. 形容詞の用法（その 1）.. 33
　　　～むやみに形容してはいけない～
- human を life にくっつけると 33
- For a beautiful life. にすると 35

- 限定用法の形容詞と叙述用法の形容詞 36
- 限定形容詞と nature 38
- 限定形容詞と人名 40
- 限定形容詞と場所の名前 41
- 限定形容詞と代名詞 41
- every-/some-/any-/no-...＋形容詞 42

4. 形容詞の用法（その2）.. 45
　　　～比較級で使うことのできない形容詞とは？～
- 記述形容詞と分類的形容詞 45
- 英語の unique と日本語の「ユニーク」.. 46
- 日本語の「すばらしい」について 47
- 「色」について 48
- very で修飾できない種類の記述形容詞とは？.. 49
- 副詞の quite について 51
- quite と almost 52
- not quite と almost 53
- quite happy はどれくらい happy か？ 53

5. 形容詞の用法（その3）.. 56
　　　～local, willing, likely, generous, available, of＋名詞,
　　　　absent, so-called, popular～
- local 56
- willing 58
- likely 61
- generous 66
- available 67
- of＋名詞 75
- absent 77

- so-called 81
- popular と common 82

6. 副詞の用法（その1） 84
〜句動詞と前置詞つき動詞の違い〜
- 区別して考える 85
- つなぎ役としての前置詞、文意に影響しやすい副詞不変化詞 87
- call off it はなぜ間違いか？ 88
- 前置詞は文意を大きく変えないことが多い 88
- 句動詞はイディオムであることが多い 89
- 正確なコミュニケーションを図るために 91

7. 副詞の用法（その2） 96
〜in, later, after を使い分ける〜
- in 97
- later 102
- after 104

8. 副詞の用法（その3） 110
〜ago, before, earlier を使い分ける〜
- ago 111
- before 113
- earlier 118
- until と by 119

9. 副詞の用法（その4） 124
〜soon と immediately を使い分ける〜
- soon 124
- immediately 125

10. 副詞の用法（その 5） 130
～just と「ちょうど」～

11. 副詞の用法（その 6） 145
～程度を表す副詞 fairly, quite, rather, pretty を使い分ける～
- イントネーションによる意味の違い 145
- 使用頻度の差について 147
- 動詞修飾について 152
- somewhat と reasonably 155
- 【Mini-Survey】 157

12. 副詞の用法（その 7） 165
～程度を表す副詞 a little/bit と slightly を使い分ける～
- 「肯定的な」形容詞とは使いにくい 165
- 「否定的な」形容詞を修飾する場合 166
- 「中立的な」形容詞と「低い程度」の副詞 167
- a little/bit, slightly と形容詞の位置 168
- 比較級や動詞といっしょに使われた場合 168

13. 副詞の用法（その 8） 173
～hardly の「否定度」について～
- 「完全な否定」を表さない場合 173
- hardly, scarcely, barely の使用頻度について 174
- 「...するやいなや」の構文について 176
- 〈difficult の意味の hardly〉+ 動詞について 177
- 「完全な否定」を表す場合 179
- 「タイプ ①」の文と「タイプ ②」の文を見分ける方法 181
- almost 185

14. 副詞の用法(その9) 189
　　　〜too と enough を使い分ける〜
- too 189
- enough 196

15. 副詞の用法(その10) 206
　　　〜so . . . that 構文と「因果関係」〜
- 因果関係が重要 208
- 強調の so を単独で用いる場合 211
- such . . . that 〜 214
- 強調の副詞 that 215

16. 副詞の用法(その11) 218
　　　〜much〜
- 副詞の much と形容詞・過去分詞 218
- 副詞の much と動詞 223
- 限定詞の much, many 228
- 別の副詞を考える 230
- too much 232
- 代名詞の much, many 233

17. 副詞の用法(その12) 239
　　　〜ever と「今までに」〜
- ever と疑問文 239
- ever と否定文 241
- ever と肯定文 242

18. 副詞の用法(その13) 245
　　　〜apparently と apparent〜

- 副詞 apparently 245
- 形容詞 apparent 246

19. shall と will be ... ing について 249
　〜「未来を表す時制」についての補足〜
- shall 249
- will be ... ing 252

語句索引 256

1. 受動態の用法(その1)

~作り方の基本~

　日本人が受動態について戸惑う部分は、受動態をどのように作るかということと、受動態の使い方が適切かどうか、の2つに大きく分けられるでしょう。使い方の適否のほうが深刻な問題ですが、まずは受動態の作り方の仕組みを簡単に見ておくことにします。ここでは、受動態の一般的な作り方を説明するのではなく、日本人が受動態を作るときにつまずくいくつかの問題点を指摘したいと思います。

能動態の目的語、受動態の主語

　たいていの日本人は中学2年生の頃に初めて受動態に出会い、それからかなり長い期間にわたって能動態を受動態に換えたり、またその逆の作業をしたりして過ごすのではないでしょうか。ちょっとできのいい生徒であれば、例えば、Tom kicked Peter. という文を Peter was kicked by Tom. という受動態に換えるのに苦労することはまずないと思います。能動態の目的語を受動態の**主語**にし、能動態の主語を受動態の**動作主(by ...)** にすることが正しくできるわけです。

　ただ、それでも間違いは少なくありません。例えば、大学生に向かって、Someone stole my bicycle. の受動態は？などと聞くのはかえって失礼にあたるかもしれませんが (My bicycle was stolen by someone.)、それでは、「私は自転車を盗まれた」を英訳せよ、だったらどうでしょう。I was stolen my bicycle. のような文を思い浮かべる人が少なからずいるはずです。学生たちの書く文章にはこれとまったく同様の誤りが散見されます。

[1]

(×) I was hit my face.
　　私は顔を殴られた。
(×) He was taken his seat.
　　彼は席をとられた。
(×) She was eaten her cake by her dog.
　　彼女は飼い犬にケーキを食べられた。
(×) I was ignored my opinion.
　　私は意見を無視された。
(×) I was corrected my mistake.
　　私は間違いを直された。

　こうした間違いのほとんどは、「私は自転車を盗まれた」のような日本語表現に引きずられてしまうことが原因なのでしょう。とはいえ、この点については取り立てて説明すべきことはありません。ご存知のとおり、受動態の文の主語は元は能動態の文の目的語だったわけですから、I was stolen の能動態が Someone stole me になってしまうことに気づきさえすれば、この英訳が誤りであることは明白です。

　さらに、受動文の動詞は目的語をとれない——能動文の目的語は受動文の主語になっているので——という理由も加えることができます。ただし次の例のように、能動文で間接目的語と直接目的語の両方をとるような動詞であれば、受動文でも目的語をとれることになり、そのような受動文と多少区別しにくいといった面はあるでしょう。

- Someone gave me a concert ticket.
　→ I was given a concert ticket.
　私はコンサートのチケットをもらった。
- Someone sent me a pile of information about holidays in Guam.
　→ I was sent a pile of information about holidays in Guam.
　私はグアムの休暇旅行についての情報を山ほど送ってもらった。

中学生はおそらく英語学習の早すぎる段階でこの種の受動文の洗礼を受け、そのパターンが頭に焼きついてしまっているのでしょう。

...ed 形と ...ing 形を混同しないように

私の経験では、受動態を「作る」(formation) 際の誤りとしては、上のタイプの誤り (I was stolen my bicycle.) が一番多いような気がしますが、もう 1 つよく目にするのは、...ed 以外の動詞のかたちを使ってしまうことです。それはとりわけ進行形との混同からきているように思います。be 動詞が受動態 (be + ...ed) と進行形 (be + ...ing) の両方に使われていることもその一因ではないでしょうか (He **was cleaning** the room when I arrived. (私が着いたとき彼は部屋を掃除していた)/The room **was being cleaned** when I arrived. (私が着いたとき部屋は掃除中だった))。The room was cleaning. とか The room was being cleaning. といった学生の誤りはけっして珍しいものではありません。ただしこの場合も、よくある間違いなのでぜひ注意していただきたいと言う以外に、あまり説明すべきことはなさそうです。受動態は be + ...ed であって、be + ...ing ではないのです(進行形の用法については、拙著『ここがおかしい日本人の英文法』(以下、『日本人の英文法』と略記) 1, 2, 11 章もご覧ください)。

これと密接に関連する問題として、形容詞のように使われる ...ed 形が挙げられます。interested, bored, pleased, disappointed, worried, excited, etc. どれもある種の情緒的状態や反応を表す語です。これらの語は **very による修飾が可能**で、このことが受動文で使われるほかの ...ed 形との違いを示す特徴となっています。

- We were **very** interested in his proposal.
  私たちは彼の提案にとても興味があった。

- (×) We were very forced to agree with him.
  私たちは無理矢理、彼の意見に同意させられた。

　これらの語は . . . ing (interesting, boring, pleasing . . .) のかたちで形容詞のように使うこともできるのですが、そうするとまた問題が出てきて、日本人はつい (×) I am very boring by his novels. とか (×) We are very worrying about him. などと言って(書いて)しまいます。この 2 つの文がたんに文法的な観点から見ても誤りであることは、もう明らかですね――受動態は、すでに指摘したように、. . . ing 形ではなく . . . ed 形を必要とするのですから。
　ところが、それぞれの文から by his novels と about him を削除すると、文法的にはまったく正しい文になります。

- I am very boring.
  私はとても退屈な人間だ。
- We are very worrying.
  我々は人にとても心配をかける人間だ。

　もっとも、このような気持ちを実際に誰かに伝えたいと思う人は稀でしょう。時には I am very interesting/exciting! (私はとても面白い人間だよ・刺激的な人間だよ) などとアピールしたくなることはあっても、このような文の主語は言うまでもなく、**自分以外の人やもの**であるのがふつうです。

　　He/The movie/His report was very disappointing.
　　彼・その映画・彼のレポートにはずいぶんがっかりした。

　ネイティブスピーカーの私にとって、bored と boring、interested と interesting の違いは一目瞭然ですが、その違いを学生にうまく伝

えられていないようで残念に思うことがよくあります。**動詞から形容詞になったこのような...ing形は、文の主語が人々に与える影響を表しているのに対し、...ed形は、ある事柄に対する主語の反応を示している**、と説明するだけではあまり効果はないようです。そこで、私は時々、簡単な絵を描(か)いてみることにしています。

by以外の前置詞について

上に挙げた動詞の...ed形を、受動文の他の...ed形と区別するもう1つの点は、**これらの...ed形は受動文の動作主を示すのにしばしばby以外の前置詞をとる**、ということです。be interested in; be bored by/of/with; be pleased with/at; be disappointed with/in/by; be worried about/by; be excited about/at/by, etc. どの前置詞がふさわしいかは主としてその前置詞のあとに何が続くかによりますが、ここでその話をしてもおそらく眠くなるだけでしょう。ネイティブスピーカーがこの種の動詞のあとにどのような前置詞を使っているかによく注意して、語感(Sprachgefühl)を養うように努めてください。

ただ、受動態の文中では、実は大部分の動詞がby以外の前置詞を従えることができ、実際にそうなっていることがよくありますので、この点を少し検討しておくと役に立つかもしれません。

- He was killed **by** a drunken youth.
  彼は酔った若者に殺された。
- He was killed **in** a pub brawl.
  彼はパブでの喧嘩で殺された。
- He was killed **with** an army knife.
  彼はアーミーナイフで殺された。

　最初の文については特に説明の必要はないと思います。動詞の直接の動作主が通常通り前置詞 by によって導かれています。これに対して、続く 2 つの例文では、前置詞 in と with は **by の代わりに使われているわけではありません。この 2 つの前置詞は by に加えて使われている**のであって、by で始まる句は省略されているのです。

- He was killed (**by** a drunken youth) **in** a pub brawl.
  彼はパブでの喧嘩で(酔った若者に)殺された。
- He was killed (**by** a drunken youth) **with** an army knife.
  彼はアーミーナイフで(酔った若者に)殺された。

　これらの文中の in と with という前置詞は、動詞の動作主を示すためではなく、**情報を追加するために**使われています。この 2 つの前置詞が担っているのは、次のようなごくふつうの意味です。例えば、**in のほうは、どこで何が起こったか(場所)**、

　The suspect was arrested (by the police) **in** Shinjuku.
　容疑者は(警察によって)新宿で逮捕された。

いつ何が起こったか(時)、

　Larry was promoted (by his boss) **in** April.

ラリーは(上司に)4月に昇進させてもらった。

さらに、**何かが起こったときどんな行為が進行中であったか**、

- Jim's proposal wasn't discussed (by the committee) **in**/at/during the meeting.
  会議では、ジムの提案は(委員会によって)討議されなかった。
- His wife was injured (by a blow to the head) **in** the accident.
  彼の妻は事故で(頭への一撃により)怪我をした。

などを表します。
　一方、**with は何かを行うための道具を示すときに使われる前置詞**ですが、医学論文などの校正をしていると、次のような文に頻繁に出くわします。

- (×) An incision was made by a scalpel.
- (○) An incision was made **with** a scalpel.
  切開がメスを使って行われた。
- (×) The specimen was examined by a microscope.
- (○) The specimen was examined **with** a microscope.
  そのサンプルは顕微鏡を使って調べられた。

　もちろん、どうしても動作主を示したければ、by を使うことも可能です。

　An incision was made **by** the surgeon **with** a scalpel.
　その外科医によって、メスを使って切開が行われた。

　受動文の動詞のあとに by 以外の前置詞が続いているケースでは、

たいてい同じことが言えます。be interested in のような表現も同様です: I was interested by Tom in the project.（私はトムによってその計画に興味を持たされた）。ネイティブスピーカーが実際にこのような言い方をすることはまずありませんが、理論上は不可能ではないということです。ちなみにこの文は、ふつうなら、Tom got me interested in the project. とか、あるいは、もっと堅い表現では、Tom aroused my interest in the project. などとするところでしょう。

2. 受動態の用法(その2)

~受動態にすべきか、能動態にすべきか~

受動態にすると不自然な動詞

　今ではコーパスに基づく研究のおかげで、ある文が「自然」であるかどうかを明確にすることはずいぶんと容易になっています。私は日本で受動態を教える際に使われる例文として、Jack is loved by Jill. や Jim is liked by everyone. のような文を目にするたびに背筋の寒くなる思いがしたものです。日本では love と like の2つの動詞が受動態で頻繁に使われていると言っても、それほど的外れではないと思います。ところが、1999年に出版された優れた文法書である *Longman Grammar of Spoken and Written English* によると、この2つの動詞が受動態として使われる割合は全体の2パーセントに満たないことをコーパスのデータが示しています。つまり、love という動詞を含む100の英文(会話・ジャーナリズム・小説から学術関係まで)を無作為に抽出してみると、この動詞が受動態で使われている例は最大でも2つしかないということです。

　したがって、Jack is loved by Jill. に対する私の直感的反応は科学的なデータによって裏付けられていることになります。この文が「文法的に正しい」ことは間違いないでしょう。しかしまた、この文が、英語のノンネイティブスピーカーに受動態を教えることを目的としたテキストに「ふさわしい文でない」ことも、私にはほとんど疑いの余地はないように思われます。

　love と like は受動態のかたちではめったに現れることのない他動詞の2つの例です。ほかにも、おなじみの動詞では hate, have, let, quit, reply, thank, try, want, watch などが上記 *Longman Gram-*

[9]

mar に挙げられています。

　自動詞についても触れておくと、周知のとおり、一般に自動詞を受動態の文中で用いることはできません。それは単純に、自動詞は目的語をとることができないため、受動態に換えたときにその文の主語が得られないという理由からです。ところが、前置詞といっしょになって目的語をとる自動詞はたくさんあります。

- arrive **in** Paris（パリに着く）
- look **at** a picture（絵を見る）
- listen **to** a CD（CD を聴く）
- talk **about** politics（政治のことを話す), etc.

　文法的にはこれらの動詞から受動態を作ることは可能です。Paris was arrived in./The picture was looked at., etc. そのため、日本人の英語テキストの執筆者たちはこのような受動文を作ってしまうことが多いようですが、これは読者のみなさんにはお勧めできません。*Longman Grammar* のコーパス・データが明示しているように、このような動詞もまた、受動態で使われる割合は全体の 2 パーセント以下でしかないからです。

　一方、目的語をとることのできる句動詞（phrasal verb = 動詞 + 副詞不変化詞）であれば、その受動態を目にすることは珍しくありません（すべての句動詞が目的語をとれるわけではない点に注意。副詞不変化詞については p. 85 を参照）。

- I **was** almost **knocked out** by the blow.
  その一撃で私は意識を失いかけた。
- Production **has been stepped up** to meet demand.
  需要に応えるために増産を図った。

句動詞と前置詞つき動詞 (prepositional verb) の違いについては、6 章をご覧ください。

by ... つき受動態と by ... なし受動態

love, like のような特定の動詞や、単独の前置詞を伴う自動詞が受動文で使われることはめったにありませんが、一方、たいていの他動詞はしばしば受動態で登場します。ただし、それでも**その大部分は能動態のかたちをとることのほうが多い**という点を忘れないでください。さらに、**能動態の文とそれを受動態にした文はけっして同じではない**という点も忘れてはなりません。Tom kicked Peter. = Peter was kicked by Tom. のようにあの恐るべきイコール記号を使うことが、後々面倒な問題を生じさせるにもかかわらず、この点は中学の段階での認識が徹底していないようです。これまで外国から多くの影響を受けてきた英語のような言語にほぼ同じ意味を持つ単語が相当数存在するのは当然としても、能動態と受動態ほど構造の異なる 2 つの文がイコールで結ばれるなどという状況は、ちょっと想像しにくいように思います。

英語の受動態には基本的に 2 つのかたちがあります。そのうち、よく使われているほうのパターンが **short passive (by ... なし受動態)** です。by ... なし受動態では、動詞の動作主 (by 以下の部分) は表現されていません。

(1) The painting **was stolen** sometime between 3 and 5 o'clock.
 その絵は 3 時から 5 時のあいだに盗まれた。
(2) John **was promoted** last spring.
 ジョンは昨年の春に昇進した。
(3) Tanaka **has been arrested** for drunk driving.
 田中さんが酔払い運転で逮捕された。

(4) The original building **was destroyed** in the war.
以前の建物は戦争で破壊された。
(5) The samples **were stored** in an airtight container at room temperature for 24 h.
そのサンプルは気密性のコンテナーに室温で24時間保存された。

この省略型の受動態と「それに相当する」能動態のあいだには明確な違いがあります。つまり、上の各文には、能動態にした場合の動詞の主語として使いうるものが何もないということです。**私たちの興味の対象は、何が起こったかであり、誰または何が影響を受けたか**という点なのです。誰または何がその事態を引き起こしたか（つまり、動作主）が示されていない理由は次の通りです。

① 誰なのかわからない（例文 (1)）。
② わかりきっていて述べるまでもない（例文 (2): 会社または上司、例文 (3): 警察、例文 (5): 私たちまたは研究者。さらに例文 (4) も当てはまるかもしれません: 敵、しかしそうでない場合も）。
③ 動作主は言いたいことと関係がない（文脈によりすべての例文について言えます）。

この short passive は by... によって動作主を明確に示す受動態、すなわち **long passive** よりもずっと頻繁に使われていますし、by... なし受動態を使う理由も上述のように理解しやすいものです。それゆえ、日本で出版されている大半の英文法書のように、long passive から教え始めることが本当に妥当なのか、という疑問が湧いてきます。動作主が示されているほうが受動態の仕組みと生徒がすでに知っている能動態との関連づけが容易であるから、というのがこの疑問に対する回答なのでしょうが、しかしそれでは、外国語は機械的に

既知の情報を先に、新しい情報をあとに

およそどの言語でも同じでしょうが、英語では、**文を始めるときには、聞き手や読み手がすでに知っていることか、すでに話題になっていることから始め、新しい情報は文の終わりのほうに置く**、というはっきりとした傾向があります。この傾向は、ある状況において能動態と受動態のどちらが適切かといった問題だけでなく、英語の語順全般に大きく影響するものです。例えば、

> John has a new girlfriend. She's called Sally. She lives in Chicago. She's much better looking than his old girlfriend.
> ジョンには新しいガールフレンドができました。サリーと呼ばれています。彼女はシカゴに住んでいます。彼女は彼の以前のガールフレンドよりもずっと美人です。

という(陳腐な)文の語順が自然である理由を、そして、

> John has a new girlfriend. Sally is her name. Chicago is where she lives. His old girlfriend is much uglier than her.
> ジョンには新しいガールフレンドができました。サリーが彼女の名前です。シカゴが彼女の住んでいるところです。彼の以前のガールフレンドは彼女よりもずっと不器量です。

という(これまた陳腐な)文を私が小学生の頃に書いていたらまったく点をもらえなかったであろう理由を、この傾向によって説明することができるのです。

さらに、(a) give someone something と (b) give something to

someone の違いについても同様の説明が可能で、この場合、すでに明らかになっているのが(すなわち既知の情報が) someone (誰)のほうであれば (a) が、逆に something (何)のほうであれば (b) が、それぞれ使用可能性の高いかたちになります。

- A: What did you give Daisuke for his birthday?
  B: I gave **him some chocolates**.
  (I gave some chocolates to him. は、きわめてありそうにない返事です)
  A: 大介には誕生日に何をあげたの？
  B: チョコレートをあげた。
- A: Who did you give chocolates to on Valentine's Day?(注)
  B: I gave **some to Daisuke, some to Keisuke, and some to Yousuke**.
  (I gave Daisuke, Keisuke and Yousuke some chocolates. は、きわめてありそうにない返事です)
  A: バレンタインデーには誰にチョコレートをあげたの？
  B: 大介と啓介と洋介にあげた。

上の傾向は、このように質問に対する応答というかたちで示されれば一目瞭然ですが、特に先行する質問がなくても、同じ原則を当てはめることができます。

例えば、私の息子が広島に修学旅行へ行くことになったとします。出発前に、私は息子に言います。

Don't forget to send **me a postcard**. And send **one to your grandparents**, too.
必ず葉書を送るんだよ。それから、おじいちゃんとおばあちゃんにも忘れずにね。

妻がさらにつけ加えるかもしれません。

And can you buy **us some oysters**?
それと、カキを買ってきてくれない？

それに対して息子が答えます。

OK. Should I buy **some for grandma and granddad**, too?
いいよ。おじいちゃんとおばあちゃんの分も買ってこようか？

その際、彼は Give **me some more money**.（じゃあ、もう少しお金をちょうだい）と言ってくるかもしれません。

既知の情報を前に、新しい情報をあとに置くというこの傾向はまた、動詞の目的語を副詞の前とあとに置いた場合の違いを理解する手がかりにもなります（→ p. 88）。

受動態に話を戻すと、例えば p. 11 の例文 (1) で明らかなのは、話し手または書き手は、あらかじめ何の絵が話題になっているかを知っている人に向かって情報を伝えているということです。そうでなければ、この情報伝達はほとんど何の意味も持たないでしょう。同じことが例文 (2)〜(5) にも当てはまります。つまり、聞き手または読み手は、どの建物またはどのサンプルが話題になっているのかを、そしてもちろん、ジョンと田中さんが誰なのかを、すでに知っているということです。

仮に例文 (1) で、話題の中心が強盗にある場合には、次のようにその強盗を、盗まれた絵に関する文の主語にするのが適当でしょう。

Two men have been arrested in connection with last night's robbery at the city museum. **James Ferguson and William Hunter** are alleged to have broken into the museum sometime between 3 and 5 o'clock this morning and stolen a Constable on loan from London's National Gallery.

昨夜起きた市立美術館での盗難事件に関して2人の男が逮捕された。ジェームズ・ファーガソンとウィリアム・ハンターは午前3時から5時のあいだに美術館に侵入し、ロンドンのナショナルギャラリーから貸し出し中のコンスタブルの絵を盗んだとされる。

既知の情報を文のはじめに、新しい情報をあとに置くという原則は、p. 11 の例文 (2) を使って説明すればさらにはっきりすると思います。次の2例を比較してみてください。

(a) A: I hear **John's** doing very well at work.
    B: Yes, **he** was promoted only yesterday.
    A: ジョンは仕事でずいぶんよい成績をあげているそうだね。
    B: うん、彼はきのう昇進したばかりだ。
(b) A: **Your head of department** seems to be going crazy — **he** was singing at the top of his voice in the elevator this morning!
    B: **He**'s not *going* crazy — **he**'s already completely crazy! Haven't you heard that **he** promoted John yesterday?
    A: 君のところの部長はおかしくなりかけてるみたいだね。今朝、エレベーターの中で声を限りに歌ってたよ。
    B: おかしくなりかけてるどころじゃないよ。もう完全にイカレてるんだ。彼がきのうジョンを昇進させた話、聞かなかったの？

(b) では、会話の主題はジョンではなく部長にあり、ジョンの昇進についての情報 (he promoted John yesterday) は、部長がいかにクレージーであるかを説明する1つの例にすぎません。したがって、

これを John was promoted yesterday. とすると、やや不自然な印象を与えると思います。

p. 2 に示した例文についても検討してみましょう。

Someone sent me a pile of information about holidays in Guam.
→ I was sent a pile of information about holidays in Guam.
私はグアムの休暇旅行についての情報を山ほど送ってもらった。

ご承知のように、この能動態の文には 2 つの受動態の文が可能で、もう一方の文は、A pile of information about holidays in Guam was sent to me. になります。しかし、こちらの文を文脈抜きでネイティブスピーカーに見せてもあまりいい顔はされないでしょう。私ならしません。これは、次のような使い方なら可能です。

A: What's that?
　それなーに。
B: It's **a pile of information about holidays in Guam**.
　グアムの休暇旅行についての山のような情報さ。
A: Where did you get it from?
　どこからもらったの。
B: **It** was sent to me.
　送られてきたのさ。

会話の焦点が「休暇旅行についての山のような情報」であることは、B の最初の発言の時点ではっきりしているので、それが最後の文の主語 (It) として現れても、つまり、受動態の文が必要になっても、別におかしくはありません。もちろん、これ以外の答え方ができないわけではなく、例えば、B が Someone sent it to me. (誰かが送ってくれたんだよ) と答える可能性も同じように考えられます。しかしなが

ら、もし A が、何についての情報が話題になっているのかをあらかじめ知らないとすれば、a pile of information をこの文の主語にするのはきわめて不自然です。これは受動態だけに関わる問題ではありません。例えば、A がジョン・スミスを知らないのに、B が John Smith sent it to me.（ジョン・スミスが送ってくれたのさ）と言うことも、同様に不自然なのです。

by のあとには新しい情報がくることが多い

　1 つの文から次の文へ論理的に流れていくという原則は、言うまでもなく、話すときよりも書くときのほうが厳密に守られています。くだけた会話をしているとき、話し手はふつう各文と文の主語の一致にはほとんど注意を払わず、できる限り簡単な方法で、勝手気ままと言ってよいほど次から次へと話題を変えていきます。能動態が受動態よりも単純な構造であることは疑うまでもありませんが、会話における受動態の使用頻度が書き言葉の場合よりもずっと低いのは、こうした構造の違いが大きな理由の 1 つです。さらに、もう 1 つの重要な理由は、会話というものは、出来事と、それによって影響を受けるのは誰・何かということより、人と、その人が何をするかに焦点を合わせる傾向があるということです。人が何をするかを英語で述べる場合、ふつう最も自然な方法は、明快な SVO の能動文を使うことです。小説の文章においても、たいていの場合人物を主体とした内容であるため、能動態がよく使われています。*Longman Grammar of Spoken and Written English* のデータが示すとおり、小説では、出来事そのものやその影響のほうに焦点の置かれやすいジャーナリズムや学術（特に科学）関係の文章と較べて、受動態の使用頻度はずっと低いのです（それでも会話の 2 倍以上ですが）。

　by ... なし受動態（short passive）より使用頻度はかなり落ちますが、by ... つき受動態（long passive）もやはり、会話や小説より

ジャーナリズムや学術関係の文章でよく使われるパターンです。ただし、by ... なし受動態が動作主を省略するという点で能動態とは明らかに異なるのに対して、by ... つき受動態は能動態が伝えるすべての情報を含んでいます。したがって、**能動態ではなく by ... つきの受動態を使うときには、それなりの理由がなければなりません**。それでは、Peter was kicked by Tom. と Tom kicked Peter. の違い、あるいは、Jeans are generally worn by young people. と Young people generally wear jeans. の違いは、一体どこにあるのでしょうか(後者の例については p. 26 をご覧ください)。

　基本的には、すでに話題にのぼっているのがピーターなのかトムなのか、あるいはジーンズなのか若者なのか、ということにつきます。**読み手や聞き手がすで知っている人やもの (= 議論の主題)は主語の役割を果たしやすく、新しい情報は文末のほうにきやすい**という点を、ここでもう一度想い起こしてください。

　話をわかりやすくするために、前後関係をつけ加えてみましょう。ピーターは夏休みで家族といっしょに農場に滞在している男の子で、トムというのは馬の名前です。

① ピーターの父親が農場の主人に話をしています。

I really must complain about that horse of yours: he kicked Peter this afternoon.
おたくのあの馬は本当に困りものです。あいつは今日の午後ピーターを蹴とばしたんですよ。

ここでは、馬(トム)が会話の主題であり、その馬がピーターに何をしたか、が苦情の主旨です。したがって、トムを主語にして、能動態の文にするのが自然です。

② 一方、農場の主人は、トムに近づきすぎると危険であることを、ピーターの両親に警告しておいたほうがいいと感じていたかもし

れません。

> I had to tell your son to get out of Tom's stable this afternoon. Could you have a word with him about it? He'll be kicked if he's not careful.
> 今日の午後、息子さんにトムの小屋から出るように言わなければなりませんでしたよ。ひとこと言っておいてくれませんか。気をつけないと息子さん蹴とばされますよ。

この場合、会話の焦点は息子のピーターにあります。したがって、彼を最後の文（He'll be ...）の主語にするのが自然です。ただし、動作主は文脈からわかりきっているので、by Tom を加える必要はまったくありません。加えればかえって不自然に響くでしょう。そして言うまでもないと思いますが、このように受動態の動作主が文脈から明白である場合が多いことが、by ... つき受動態よりも by ... なし受動態のほうがはるかによく使われている要因の1つです。

実のところ、Peter was kicked by Tom. が自然な文と感じられるような状況を想定することはなかなか難しいと言えます。この情報の受け手は、ピーターとトムの両方をまず確実に知っていなければなりません。そうでなければ、この文はたいして意味のない情報になってしまうからです。そしてピーターとトムのことがすでに話題にのぼっているなら（大いにありえますが）、その場合に考えられるのは、上の例のように、トムが主語でピーターが目的語の能動文か、ピーターが主語でトム（動作主）が省略されている受動文だけです。by Tom を「新しい」情報として加えるためには、これを驚きとして表現する必要があるでしょう。

A: Have you heard that Peter's in hospital?
B: Really? What happened to him?

2. 受動態の用法(その2)

A: He was kicked **by Tom**.
A: ピーターが入院してるって聞いた？
B: えっ、本当？　どうしたの。
A: トムに蹴られたんだよ。

　Bは当然トム(＝馬)のことを知っていなければならず、この情報を聞いて驚くことが予想されます。上述のように、会話では受動態よりも能動態のほうがはるかによく使われていますから、Tom kicked him. と言う可能性のほうが高いことは確かですが、しかしここでは、会話の焦点がピーターにあり、しかも、トムのことが事前に言及されていないため、by ... つき受動態も不可能ではないということです。
　こうした状況よりもはるかに実際的なのは、by ... がまったく新しい情報を含むような場面です。つまり、**動作主が、情報の受け手がまったく、あるいはほとんど知らない人やものであるか、これまでまったく言及されていない人やものである場合、またはその両方である場合**です。
　例えば、農場主は少年の両親に次のように言うかもしれません。

You'd better tell your son not to walk across that field: he might be kicked by **one of the horses**.
息子さんにあの牧草地を横切らないように言ったほうがいいですよ。うちの馬のどれかに蹴られるかもしれませんから。

ピーターの入院に関する先の会話についても同じことが言えます。

- He was kicked by **one of his classmates**.
  彼はクラスメートの1人に蹴られた。
- He was poked in the eye by **a woman with an umbrella**.
  彼は女の人に傘で目をつかれた。

こちらのほうが、by Tom よりもずっとありそうです。

by . . . に代名詞を用いる (by him/us/it, etc.) と不自然になる理由も、同じように説明することができます。つまり、代名詞というものは、それが誰または何を指すのかが確実にわかっていなければ使うことはできませんが、一方、受動態の文中で動作主（by . . .）が確実にわかっている場合には、その動作主は述べられるべきではない、ということです。実に簡単な理屈です。

同じことが by + 固有名詞にも当てはまります。代々日本人の英語テキストの執筆者に熱愛されてきた、America was discovered by Columbus in 1492. という受動文は、アメリカの歴史に関する副次的な情報としては結構ですが、逆に議論の中心がコロンブスの生涯にある場合には不適切となります。

どこに関心があるか

上の He was poked in the eye by a woman with an umbrella. という文において、私たちに関心があるは、動作主よりもこの出来事がピーターに与えた影響のほうです。その女性が誰なのかさえわかっていませんし、彼女についての情報は(たとえそれ自体は重要であっても)ピーターの容態にとっては副次的なものでしかありません。当然、議論がその女性のほうに向かえば、以降は彼女が文の主語になります。

一方、Peter was kicked by Tom. という文では、私たちはトムが何者かをすでに知っているわけですから、トムがピーターを蹴ったという事実は、副次的どころか中心的な情報です。受動態にすると不自然になりやすいのはそのためです(先ほどの「驚き」の対話 (pp. 20–21) を考え出すのに結構苦労しました)。p. 9 で挙げた Jack is loved by Jill. がひどい文であるもう 1 つの理由がここにあります。動詞 love は受動態ではほとんど使われないという事実は別として、この情

報は、ジャックとジルの両方を知っていなければ意味を持ちませんし、ジルを、love という動詞がジャックに与える影響についての副次的な情報とみなすことは難しいからです。いっそのこと、Jack is loved by a one-eyed wild boar that lives in the mountains behind his house. (ジャックは家の裏山に住んでいる1つ目のイノシシに愛されている)とでもすれば、少しはマシになるかもしれません (is loved by のために依然ひどい文であることは変わりませんが)。なぜなら、動作主として述べられるまで、私たちはたぶんそのイノシシについては何も知らないからです(そのイノシシの愛がジャックに与える影響もたかが知れているでしょう)。また、この例のように、**by ... つき受動態における by の重要な働きの1つは新しい情報を提供することにある**ので、ふつう、主題を繰り返したにすぎないその文の主語よりも長くなる「傾向」があります。

　上の「イノシシ」の文で、イノシシ (boar) が不定冠詞の a に導かれている点に注目しましょう。by ... のあとには新情報がきやすいことを考えれば、**by ... の中では、当然、不定冠詞＋名詞や、「裸」(＝冠詞なし)の複数名詞のほうが、the ＋名詞よりもはるかによく使われる**ことになります。次の2組の文をそれぞれ比較してみてください。

(1)　He was killed by **a** drunken youth.
　　 He was killed by **the** drunken youth.
(2)　Jeans are worn by young people.
　　 Jeans are worn by **the** young people.

　定冠詞を使う場合、どの酔っ払いの若者なのか、あるいはどの若者たちなのかがはっきりしていなければなりません。つまり、すでに言及されているわけですから、by 以下はおそらく新しい情報にはなりえないということがわかるでしょう(冠詞について詳しくは、『日本人

の英文法』7〜8章をご覧ください)。

The cat was named Cedric by the children. について

　日本の英語テキストに好んで採用されているこの英文を、ネイティブスピーカーが即座におかしいと感じるのも、同じ理由からです。children の前の the は子供たちのことがすでに言及済みであることを示していますから、これを受動態の文中に導入しても副次的情報にはなりにくいと考えるわけです。この文は、仮に冠詞の the を削除しても不自然な文であることに変わりはありません。その場合には、(大人一般に対して)子供一般がその猫をセドリックと名づけたという意味になってしまうからです。ポイントは、動詞の name は特定の人やものに特定の名前をつけるという行為を表し、この行為はふつう1人またはごく限られた数の人たち(人間の赤ちゃんの場合には両親や祖父母、ペットの場合は飼い主)によって行われるため、子供たち一般や人々一般が何かを name するのはおそらく不可能であろう、ということです。

　一方、The cat was named Cedric by the children who found him. (その猫はそれを見つけた子供たちによってセドリックと名づけられた)という文なら確実に使えます。children の前に the がついているのは、子供たちがすでに言及されているからではなく——もし言及済みなら、能動態の文中で主語として使われる可能性のほうが高いと思います——、彼らがその猫を見つけた唯一の子供たちだったためです。

♦ call と name

　call という語は name とはまったくの別物です。例えば、次の文は適切な文脈の中であれば何の問題もありません。

His name is Hiroshi, but he**'s called** Hiro **by his friends**.
彼の名前はひろしだが、友だちにはヒロと呼ばれている。

「お腹」のことが話題なら、

The stomach **is** often **called** "the tummy" **by children**.
お腹は子供たちにはしばしば「ぽんぽん」と呼ばれている。

と言うことができます。
　また、猫のことを話題にしているときに、

The cat **was called** Cedric **by the children**.
その猫はその子供たちにはセドリックと呼ばれていた。

と言うこともできます。the children はもちろん新情報ではなく既知の情報ですが、この場合は、その子供たちがその猫をセドリックと呼んでいたという事実は、あくまで副次的な情報にすぎないと考えられます。なぜなら、この文には明らかに、**その子供たち以外の人々はその猫をセドリックとは呼んでいなかった、あるいは別の名で**——例えばゴエモンと——**呼んでいた、という含みがある**からです(ゴエモンという名前が日本人に与える印象と、セドリックという名前がネイティブスピーカーに与える印象は、あるいは似ているかもしれません)。

ジーンズが先か若者が先か

　以上の説明から、固有名詞、the のついた名詞・代名詞は、by ... つき受動態の動作主には絶対に使えない、というふうには考えないでください。本や雑誌を 2〜3 ページもめくれば、ここでの説明が当て

はまらない例がすぐに見つかると思います。本項の目的は、それらの名詞、代名詞を受動態の動作主として見境いなく使うと、すでに述べたような理由で不適切になるおそれが強い、ということにすぎません。もちろん、文脈にふさわしくなるよう心がけていなければ、たとえどんなかたちの動作主であれ不自然になる危険性は高いと言えます。

そこで、p. 19 で挙げた、

- Jeans are generally worn by young people.
- Young people generally wear jeans.

という 2 つの文の違いについて詳しく検討してみましょう。

これまでの説明から、話題が「ジーンズ」にあれば受動態がふさわしい場合があるということ、逆に話題が「若者」にあればおそらく能動態がふさわしいということは、みなさんもすでに理解されていると思います。

(1) The invitation card specified casual dress, and I felt inclined to go in jeans. My wife pointed out, however, that **jeans are generally worn by young people**, so I decided to wear corduroy pants. This turned out to be a great mistake . . .
招待状には「普段着で」となっていたので、ジーンズで出かけようかと思った。でも、妻にジーンズはふつう若者がはくものよと言われた。それでコーデュロイのパンツをはいていくことにした。ところがこれが大失敗で . . .

(2) I can't understand why young people these days dress so untidily. **They generally wear jeans**, as did my generation when we were young, but what jeans! They are full of holes and look as if they have been left in the road for

several days for cars to run over.
近頃の若者はなぜあんなにだらしない格好をするのか理解に苦しむ。彼らは我々の世代が若かった頃と同じようにたいていジーンズをはいているが、しかし、あのジーンズは何であろう。穴だらけで、何日も道路にほったらかして車に轢いてもらったような代物ではないか。

例文 (1) で注目すべき点は、先ほどの猫の例(その子供たち以外の人たちはその猫をセドリックとは呼んでいない)と同じ含み、つまり、**若者以外の人々(年輩者)はふつうジーンズをはかない**という含みです。これはある特定の動作主よりも、むしろ総括的な動作主がくる場合の by... つき受動態によく見られる特徴です。

- Most plane crashes are caused by human error.
  たいていの飛行機事故は人為的なミスが原因である。
  (機械の故障ではない)
- His novels are read mainly by middle-aged women.
  彼の小説の読者は主に中年の女性である。
  (若い女性や、男性ではない)
- This plant is eaten only by caterpillars.
  この植物を食べるのは毛虫だけである。(ほかの虫ではない)

これらの受動態は強調構文と似た働きをしています。

- It is human error that causes most plane crashes.
  たいていの飛行機事故の原因は人為的ミスである。
- It is mainly middle-aged women who read his novels.
  彼の小説を読むのは主に中年の女性である。
- It is only caterpillars that eat this plant.

この植物を食べるのは毛虫だけである。

したがって、例文 (1) によって伝えられる意味は、例文 (2) によって伝えられる意味とはまったく違ってきます。例文 (1) で問題となっているのは、**ジーンズは話し手または書き手にとってふさわしい服装かどうか、**という点です。一方、例文 (2) における関心の対象は、**若者はふつう何をはくか、**という点であり、話し手によれば、それは (スーツなどではなく) ジーンズであるということです。例文 (2) でもう 1 つ注意していただきたいのは、論点が「若者」から「ジーンズ」へと切り換わっている点です。例文 (2) の第 3 文は、ジーンズ (they) を主語としてごく自然に始まり、続く節の中でも当然のように同じ主語が維持されています。節の中では by ... なしの受動態が使われていますが、誰がジーンズを道路に置くかは論点とは何の関係もありません。そのため動作主は表現されていないのです。

受動態嫌いのワープロソフト？

ある種のワープロソフトを使っている人たちは、自分の書いた文章がコンピュータにチェックされるという興味深い経験をしたことがあると思います。単語の綴りを間違ったりコンピュータの辞書に載っていない単語を使ったりすると、その下にただちに赤い波線が引かれ、コンピュータが文法的に怪しいと判断すれば、その文全体または一部に緑色の波線が引かれる、といったように。自分の書いたものをコンピュータにチェックされるのは歌唱力をカラオケの機械に判定されるのと似ているような気もしますが、確かに役に立つこともあるのでしょう。私が言いたいのは、このソフトはどうも受動態を嫌いらしく、受動態の文にアンダーラインの引かれることが少なくないということです。常にではありませんが、よくあります。例えば、このソフトは、Jeans are generally worn by young people. という文は嫌がります

が、We were warned by the police not to go there.(我々は警察にそこへ行かないように警告された)という文は嫌がりません。また、The samples were stored in an airtight container at room temperature for 24 h by us. という文もなぜか嫌がりません。このソフトが受動態に異議を唱える基準についてここで細かく詮索する気はありませんが、おそらく、受動態よりも能動態を勧めるという一般的な傾向の現れと考えて差し支えないでしょう。

能動態が万能とは限らない

　上の傾向に私が気づいたのは、数年前に、医師を対象にした「英語での医学論文の書き方」という講演の依頼を受けたときのことです。私は勤め先である大学の図書館へ出かけて行き、医学論文の書き方に関するあらゆる資料を捜し求めました。このテーマについての著作は意外と多く、何週間かをかけた通読作業は比較的楽しいものだったのですが、唯一意外だったのは、多くの著者が受動態よりも能動態を勧めていることでした。

　私の専門分野は文学ですが、文学に関する論文を書くには、考察中の作品の中で登場人物が何をするかを論じ、またなぜそうするのかについて自分や他人の意見を述べることに大部分が費やされます。その点では、誰が何をなぜするのかよりも、出来事や過程の記述を中心とする科学論文のような文章とは性質を異にするものです。そのため、文芸批評は科学論文よりも能動態に向いているかのような印象を与えるかもしれません。しかし、私の恩師たちの教えを信じるならば、その印象は必ずしも正しいとは限らないのです。私は自分の書いた能動文の多くが彼らの手で受動文に書き換えられてしまった経験を、今でも鮮明に覚えています。中でも、最大の「禁じ手」は、代名詞の I を使うことでした。

Minton, why have you written "I think" here? Who do you think you are? A world authority on Balzac? Nobody cares what you think — you're just a spotty schoolboy. You can't think anything, because you don't know anything! Remember that!

ミントン君、ここに「私は思う」と書いたのはなぜかね。君は自分を誰だと思っているんだね？ バルザックの世界的権威か？ 君の思うことなど誰も気にしない。君はただのニキビだらけの青二才にすぎないのだから。君自身は思うことなどできない。何も知らないのだから。それを忘れないように。

It may be considered that... (...と考えられるかもしれない) とか、One possible interpretation is that... (ありうる1つの解釈は...) などと書くことを期待されていたようです。

　上の引用は少しおおげさだったかもしれません。いや、とんでもない誇張なのですが、私や同級生が学術論文には受動態を使うように勧められていたことは事実です。医学論文の書き方に関する本を読んで意外な印象を受けたのは、そのためです。

　確かに、

The samples were stored in an airtight container at room temperature for 24 h <u>by us</u>.

はけっして望ましい文ではありませんが、

<u>We stored</u> the samples in an airtight container at room temperature for 24 h.

のほうが、

The samples were stored in an airtight container at room temperature for 24 h.

よりマシな文だとも思えません。特に、話題の焦点が we ではなく、サンプルのほうにある場合には（——たぶんそうでしょう）。

　医学論文に関するテキストには、能動態をよしとするさまざまな根拠が挙げられていましたが、私にはそのほとんどがうわべだけの説明のように思えました。例えば、能動態の文は受動態の文より語数が少なくてすむという指摘をたびたび目にしたのですが、この指摘は by ... なし受動態には当てはまりません。しかも、by ... なし受動態のほうが by ... つき受動態よりも圧倒的によく使われているのです。

　もう 1 つ目についたのは、書き手は受動態の陰に自己を隠さず、正しいと思ったことを行い、自分が何を行ったかを明確に述べるべきである、という意見です。それはそれで結構でしょう。しかしたいていの場合、「誰が」行ったかははっきりしているのではないでしょうか。特に科学論文では、ふつう肝心なのは、誰が行ったかではなく、「何が」起こったか、なのですから。

　さらに、受動態の「堅苦しさ」を指摘しているものもありました。受動態の文はフォーマルすぎて文が大げさになってしまうというわけです。確かに、多くの学術論文は極度に大げさです。しかし、悪いのは受動態ではありません。悪いのは、下手な書き方とあいまいな思考のほうです。文脈に合わせて適切な使い方をすれば、受動態の文に本来大げさなところなどまったくありません。それどころか、先に挙げた若者とジーンズについての例文 (2) (They are full of holes and look as if **they have been ...**) のように、文の自然な流れを維持するために受動態を使うことも、身につけるべき重要な技術なのです。いずれにしても、学術論文とは本来形式にこだわるべきものでしょう。もちろん明瞭でなければなりませんが、同時にフォーマルでなければなりません。母親への手紙と同じスタイルで論文を書きたいなどと真

剣に考える人がいるでしょうか。仮にいるとしても、できあがった代物を読むのは遠慮したいものです。

註) **for** his birthday も **on** his birthday もともに正しい表現ですが、意味は異なります。on his birthday の on は on Tuesday の on と同じものですが、for は to celebrate (祝うために)と言い換えることができます。実際の場面では、ネイティブスピーカーは時間的側面よりも、むしろ誕生日プレゼントやクリスマスプレゼントといったお祝いの側面を強調したいと思うでしょうから、for his birthday のほうが on his birthday よりもずっとよく使われています。

一方、Valentine's Day の場合は、大切なのはむしろ時間的側面であると言えます。なぜなら、ほとんどの人は St Valentine がどのような人物かさえ知らないからです(私の読んだ本によれば、St Valentine なる人物は 3 世紀のローマに 2 人いたようですが、St Valentine's Day にまつわる習慣はそのどちらの生涯ともまったく関係なさそうです)。

3. 形容詞の用法(その1)

~むやみに形容してはいけない~

　商品やサービスを「オシャレ」に見せるためか、日本の広告には英語をはじめとして広く外国語が使われています。しかしこれがたいていはひどい文法で、どう贔屓目に見てもわかりやすい英語とは言えないのですが、それよりもっと理解に苦しむのは、こうした広告を殊更に問題視することです。ひどい英語にさらされると英語学習の障害になると言う人がいますが、私は深刻な影響を受けるほど広告の英語に注意を払う人などあまりいないように思います。

　一方、広告の英語が、日本に住む外国人のあいだでよく話の種になったり、日本人に共通する英語の問題を考えるうえで有効な資料になったりすることも事実です。その一例が、『日本人の英文法』(5章)で取り上げた、**TODAY I SMOKE.** という文です。

human を life にくっつけると...

　ある企業がその宣伝コピーを変えるまで、長いあいだ、ひどい英語の例としてよく槍玉に上げられていた言葉に、**For beautiful human life.** という言い回しがあります。なぜあれほど頻繁に取り上げられていたのかわかりませんが(たいして面白くないので)、和製英語の例として私もこの言い回しを嫌というほど耳にしてきました。

　ところが、この言い回しは、**Dresses for Ladies and Gentlemen**(男性・女性用ワンピース?)などと較べると、実はそれほど「ヘンな(funny)英語」でもなければ、文法的にはっきり「間違っている」とも言えないのです。実際、**For beautiful human life.** のどこがおかしいのかをネイティブスピーカーに何の前置きもなく尋ねれば、よほ

ど注意して考えてみない限り、なるほどと思わせるような答えは返ってこないのではないでしょうか。

　形容詞の本題に入る前に、念のためおさらいしておきましょう。

　この言い回しを考えた人は、life という英語を使うときに「生活」とか「暮らし」といった日本語を思い浮かべ、さらに human という分類的形容詞を思いついたときに、「人生」における「人」を想像していたのかもしれません(分類的形容詞については4章をご覧ください)。しかし、life は human といっしょに使われた場合、どうしても「生活」の意味にはならないのです——もっとも、「人生」のニュアンスと通じる部分はあるかもしれません。それではどういう意味かと言うと、『コリンズ・コウビルド英語辞典』(2001年度版)にならえば、

Life is the quality which people, animals, and plants have <u>when they are not dead</u>, and which objects and substances do not have. 　　　　　　　　　　　　　　　　　　(下線筆者)
人や動植物が生きているときにだけ持つ、ものや物質には備わっていない性質。

となります。**life を human と並置することで唯一果たしうる機能とは、human life をほかの生物、例えば plant life (植物)、animal life (動物)、microscopic life (微生物)などと区別すること**なのです。例えば化粧品などを売るにあたってこの区別がたいして役に立たないことは明らかですね——人間以外のいかなる生物も、おそらく化粧品に興味をそそられることはないでしょうから(食べることはあっても)。

　plant life が植物一般を意味するように (There is little **plant life** at this altitude. (この高度では植物はほとんど存在しない))、human life も人類一般を指しています。ただし、これは人を表すには味もそっけもない言い方で、ふつうは科学に関する、あるいはいか

3. 形容詞の用法(その1)   35

にも科学的な文章の中でしか使われることはありません。

> The harsh environment of the region is hostile to **human life**.
> その地域の厳しい環境は人間に対して敵意をむき出しにしている。

beautiful human life はしたがって beautiful people とだいたい同じ意味なのですが、無味乾燥な響きの human life を、それに較べて感情的な記述形容詞である beautiful と結びつけると、控えめに言っても奇妙な表現になってしまいます(記述形容詞についても4章をご覧ください)。また、このような組み合わせは、逆の種類の人間の存在をほのめかすことにもなり、この世には非情にも ugly human life と呼ばれる人々の巨大なグループが存在するかのような印象を与えてしまいます。ネイティブスピーカーからすれば、この言い回しは、消費者に a beautiful life を保証する商品ですよ（For a beautiful life, use our ...）、と言っているのではなく、human life と魅力に欠ける科学的な言い方で表される人々のうち、beautiful に属する人々だけを対象とした商品です、と言っていることになるわけです。

For a beautiful life. にすると ...

仮にこれを For a beautiful life. に変えても——その場合 life はもちろん「生活」や「人生」の意味になりますが——beautiful のほうに問題が残ります。先ほどの言い回しは、商品を使う人を、physically attractive（身体的に・外見的に魅力のある）の意味で beautiful にしますよ、というメッセージのように思えるのですが、**この語が physically attractive の意味を表すのは、例えば、人とか家具のような実質的なものを修飾するときだけ**です。つまり、He had a wonderful life.（彼は素晴らしい人生を送った）とか、I've had a very difficult life.(私はこれまで大変な生活をしてきた)といった文は理解しやすくても、a beautiful life の意味はそれほどはっきりしたものではないのです。生活に対する何か肯定的なコメントをしていることは確かでしょうが、beautiful と life の組み合わせは明らかにふつうではありません。たいていのネイティブスピーカーは、a beautiful life と聞けば、何か a pleasant life(快適な生活)に近いものを想像するのではないでしょうか(私には化粧品がそのような生活を保証するとは思えないのですが)。

限定用法の形容詞と叙述用法の形容詞

なぜこのようなことを書いたかと言うと、要するに、英語の形容詞を正しく使うのは必ずしも容易ではない、ということを知っていただきたかったからです。

ご存知の通り、たいていの形容詞には限定用法(修飾する名詞の前にくる)と叙述用法(be, look, sound, taste などの動詞のあとにきて補語になる)の2つの使い方があります。

(1) I opened the door to find a **beautiful** woman standing there. (限定用法)
ドアを開けるとそこに美しい女性が立っていた。

(2) The woman standing in front of the door was **beautiful**. (叙述用法)
ドアの前に立っている女性は美しかった。

(3) My husband cooked us a **delicious** meal on Sunday. (限定用法)
夫は日曜日にとてもおいしい食事を作ってくれた。

(4) The roast my husband cooked on Sunday tasted **delicious**. (叙述用法)

3. 形容詞の用法(その1)

日曜日に夫が作ってくれたローストはとてもおいしかった。

　形容詞の中には、限定用法と叙述用法で意味のまったく異なるものがありますが、そのような形容詞については参考書等で比較的簡単に調べられますので、ここでは1つだけ、典型的な例を挙げるにとどめます。

- The **present** prime minister has a very low popularity rating.
  今の首相の支持率は非常に低い。
- The prime minister was not **present** at the meeting.
  首相はその会議に出席していなかった。

　さらに、通常、限定用法のみの形容詞(former や indoor など)と、通常、叙述用法のみの形容詞(alive や ill など)とがありますが、それらについても他の資料に当たっていただきたいと思います。
　このように、形容詞には2つの用法があるわけですが、多くの場合、そのどちらの位置に置かれても根本的な意味は変わりません。先の例文(1)(2)の beautiful はいずれも physically attractive の意味で、例文(3)(4)の delicious はいずれも「とてもおいしい」の意味で使われています。
　しかしながら、どのような形容詞であれ、限定的な位置で使われた場合と叙述的な位置で使われた場合とでは、たとえ意味は同じでも、機能に関しては根本的な相違があることを指摘しておかなければなりません。a beautiful woman と言うのと、She is beautiful. と言うのとでは、その点でずいぶん異なるのです。
　限定用法においては、形容詞は話題になっている人やもの(つまり、形容詞が修飾する名詞)を同じ種類の人やものと「区別する」ために使われています。したがって、beautiful furniture (美しい家具)と言

えば、ugly (醜い)ではない家具を指し、modern buildings (現代的な建物)と言えば、old-fashioned (古風な、旧式の)ではない建物を指します。言い換えれば、**限定用法の形容詞はすでに比較の機能を果たしている**わけです。それに対して、This furniture is beautiful. (この家具は美しい)/The buildings are modern. (それらの建物は現代的だ)などと言えば——つまり、**叙述用法**においては——、形容詞は**名詞を「定義している」**ことになります。

　実際のコミュニケーションの場面で、この違いが特に問題となるケースは少ないと言えますが、しかし以下に述べるように、形容詞をある特定の名詞——例えば、nature (「自然」の一般的な訳語)——とともに使用する際に、この違いが1つの指針を与えてくれることも事実です。

限定形容詞と nature

　「美しい自然」のような表現がごくありふれたものとなっている日本語の場合と違って、英語では、nature を限定形容詞とともに使うことはできません。そのような使い方をすれば、**少なくとも非常に不自然な文を作ってしまう危険性が高い**と言えます。Nature is beautiful. (叙述用法)は結構ですが、beautiful nature (限定用法)は問題です。理由は、上述の、**他と区別する**という限定形容詞の役割と、英語のnature の持つ根本的な意味にあるのですが、私は英語のnature は日本語の「自然」とはいくらか異なるような気がします。

　beautiful nature が奇妙な英語であることを説明するうえで何の関係もないのは、「西洋人は常に自然をコントロールしようとするので、どうしても自然を美しいと考えることができない」といった趣旨の説明です。これは、内容的にも、限定形容詞と nature の関係についての説明としても、まったくのナンセンスです。　もう少し節度のある意見として、「nature は「自然」より「天然」に近いかもしれな

い、「自然」は (natural) scenery/greenery と訳すほうがよいことが多い」という説明を耳にすることもありますが、いずれにしても再び、『コウビルド英語辞典』の優れた定義を見てみましょう。

> Nature is everything in the world that is neither caused nor controlled by human beings, including all animals and plants and natural phenomena. （1987年度版）註)
>
> 自然とは、人間によって引き起こされたりコントロールされたりしない、この世のありとあらゆるもので、すべての動植物や自然現象を含む。

この定義で決定的に重要なのは、everything（ありとあらゆるもの）という語です。nature が everything であるなら、限定形容詞を用いてほかの nature やほかの everything と区別することはできません。もちろん、nature の持つさまざまな特徴や側面を形容詞を用いて区別することは可能ですが、それはまったく別の話です。

このような問題が生じるのはもちろん nature という語だけではありませんが、私の経験では、そうした語の中で日本人が限定形容詞と最も結びつけやすいのが、この nature なのです。**基本的には、それ自体で「全体」を表すどんな語も、限定形容詞といっしょに使おうとするとなかなかうまくいきません。**例えば、space (= the whole area within which everything exists（ありとあらゆるものが存在する領域の全体））や、多神教の a god に対する一神教の God、それに固有名詞や代名詞などもそうです。言い換えれば、nature や space のように、**冠詞をとらない用法の、すべての名詞**ということになります。

限定形容詞と人名

　限定形容詞を人の名前につけることも、あまり一般的ではありません。例えば、old Mother Hubbard（ハバードおばさん）、the talented Paul McCartney（才能豊かなポール・マッカートニー）、the gorgeous Rita Hayworth（ゴージャスなリタ・ヘイワース）のように、時々使われることはありますが、これは一種の称号として、あるいは劇的な効果をねらって、名詞を「定義する」ために使われる例外的なケースです。したがって、例えば I had a date with (an) intelligent Yoko last night.（私は昨夜、聡明な陽子とデートした――(an) unintelligent Yoko とではなく !?）のような使い方をすることは、一般的には考えられません。これは、I had a date with a intelligent woman last night.（私は昨夜、聡明な女性とデートした）のように使うのが、自然な英語です。

　ただし、**ある人を同名の別人と区別する**ために、限定形容詞を使うことは可能です。

A: I saw Tom yesterday.
B: Which Tom?
A: **Young Tom.**
A: きのうトムに会った。
B: どっちのトム？
A: 若いほうのトム。

　この場合、2人の話し手には明らかにトムという名前の知り合いが複数います。young という限定形容詞は、一方を他方と区別するという、ごくふつうの働きをしているわけです。

限定形容詞と場所の名前

　同様に、限定形容詞を場所の名前につけることも、それがほかの場所と区別するためであれば、可能です。例えば、外国から来たお客さんの世話をしているときに、その人に the real Japan が見たいと言われれば、それはおそらく、騒々しくて現代的・都会的な地域とは対照的な、古くからの日本の伝統が残る、「汚されていない」田舎の地域を指していると考えられます。

　また時々、crowded Shinjuku Station（混雑した新宿駅）や the excellent Hotel Okura（素敵なホテルオークラ）といった表現を見かけることがありますが、これらは先ほどの the gorgeous Rita Haywarth などと同じ用法です。ただし、こちらも比較的珍しい使い方で、場所の名前を叙述形容詞とともに用いるほうが一般的でしょう。

限定形容詞と代名詞

　代名詞も、通常、限定用法の形容詞といっしょに使うことはできません。なぜなら、**代名詞（one と ones を除く）は固有名詞と同様、すでに明確に定義された特定の人・もの・集団を指し、同じ種類のほかの人・もの・集団からそれ以上「区別する」必要がない**からです（一方、代名詞をさらに「定義する」ことは可能ですので、代名詞を叙述形容詞を用いて説明した He is happy/confused/upset.（彼は幸せだ・困惑している・気が動転している）のような文は、ごくふつうに使われています）。

　ただし、ここにも例外はあります。みなさんは、次のように、代名詞が限定形容詞とともに使われた**「感嘆文」**の例を見かけたことがあるでしょう。

- A: I failed the math exam.

B: **Silly you!**
A: 数学の試験落第しちゃった。
B: 馬鹿だなあ。
- A: Kate's lost her job.
  B: **Poor her!**
  A: ケート失業したんだよ。
  B: かわいそうに。

また、**代名詞の one と ones** も限定形容詞による修飾が可能で、実際によく使われています。

- A: Which suit do you like best?
  B: The **striped one**.
  A: どのスーツが一番好きなの？
  B: 縞の(スーツ)。
- A: Have you heard any good jokes recently?
  B: Yes. I heard some really **good ones** just yesterday.
  A: 最近何か面白いジョークを聞いたかい？
  B: うん、ついきのう、本当に面白いのをいくつか聞いたよ。

このような使い方が可能なのは、これらの代名詞の不確定性を考慮すればきわめて当然のことです。つまり、**one と ones の主な働きは**、すでに定義されている特定の人・もの・集団を指すことではなく、上例のように、**ある「種類」の人・もの・集団を指して、その種類について述べたり、情報を追加したりすること**なのです。

every-/some-/any-/no-…＋形容詞

every-, some-, any-, no- のついた不定代名詞 (everybody, some-

3. 形容詞の用法(その1)

thing, anyone ...) を修飾する場合、形容詞はそのあとにくるとふつうは教えられます。この教え自体は間違っていませんが、大切なのは、**不定代名詞を限定形容詞で修飾することはできず、実は、不定代名詞のあとにきているのは、いくつかの単語が省略された叙述用法の形容詞である、**という点です。つまり、

- Did you see **anything interesting** in Hawaii?
  ハワイで何か面白いものを見ましたか？
- I think we now have **everything necessary**.
  これで必要なものは全部そろったと思う。

は、それぞれ、

- Did you see **anything that was interesting** in Hawaii?
- I think we now have **everything that is necessary**.

の短縮形なのです。

　限定形容詞を使ってこれらの不定代名詞を修飾することができないのは、先に触れた冠詞をとらない nature などの名詞と同様、その不定代名詞の持つ意味が、限定形容詞による修飾を妨げているからです。つまり、everything (ありとあらゆるもの)を another everything から区別することも、nothing を another nothing から区別することもできないというわけです。someone, something と anyone, anything の場合はもう少し曖昧になりますが、これらも人やものを特定しないときの言い方です。また、anyone, anything は、人やものが実際に存在するかどうか明らかでない場合にも使うことができます (例: Is there anyone in the house? (その家には誰かいるのですか？))。つまり、あえて特定していない、あるいは正体・存在の明らかでない人やものを、わざわざほかの人やものから「区別する」必

要はなさそうだ、というところがポイントです。

註） 1995 年度版および 2001 年度版では次のようになっています。

Nature is all the animals, plants, and other things in the world that are not made by people, and all the events and processes that are not caused by people.
自然とは、人間が作り出したのではない、すべての動植物およびもの、さらに、人間によって引き起こされたのではない、あらゆる事象のこと。

"everything" という語は使われていませんが、"all the animals ..." が同じ意味を表しています。

4. 形容詞の用法(その2)

~比較級で使うことのできない形容詞とは?~

記述形容詞と分類的形容詞

　例えば、人やかつて生きていたもののことを指してdeadと言う場合、それが絶対的な状態を述べていることは明らかです。つまり、その対象は死んでいるか生きているかのどちらかであって、「...より死んでいる」(more dead than ...)という言い方は少なくとも論理的にはできないということです。deadという形容詞は、あるものの性質を説明する(describe)——このような形容詞を記述形容詞(descriptive adjective)と呼びます——というよりは、むしろあるものを**分類する**(classify)ために使われているのであって、そのような形容詞は比較には使えないのがふつうです。分類のための形容詞(classifying adjective)には、ほかにも、medical terminology(医学用語)のmedical、unemployed musicians(失業中のミュージシャン)のunemployed、short-wave radio(短波無線)のshort-wave、engraved plates(文字などを刻んだプレート)のengraved、Japanese culture(日本文化)のJapanese、a married couple(夫婦)のmarriedなどがあります。このような分類的形容詞はしばしば「非段階的形容詞」(ungradable/non-gradable adjective)と呼ばれ、**very**や**more**などの程度を表す副詞によって修飾することができません。

　ただし、分類的形容詞の中には、(けっしてすべてではありませんが)記述的な意味を持ちうるものがあります。先ほどのdeadも、例えば、町が「死んでいる」(dead)などという言い方があります。その町には動きがほとんどない、つまり活気がない(⇔ lively)という

意味です。あるいはまた、日本家屋の伝統的な特徴——傾斜のある屋根、畳、床の間など——をより多く備えている家はほかの家「より日本的である」(more Japanese)などと言うこともできるでしょう(「日本的な」と「日本の」との違い)。

英語の unique と日本語の「ユニーク」

たんに名詞の性質を説明するのとは違って、名詞を分類するというこの概念は、total, identical, absolute, utter, mere, perfect, unique といった形容詞にも当てはまります。これらの語は、dead と同じく、**絶対的な状態に言及することによって名詞を特定する**という役割を担っています。例えば、

Mr Aoki's fountain pen is **identical** to mine.
青木さんの万年筆は私のと同じものだ。

と言えば、それはまったく、つまり 100 パーセント同じという意味であって、その「同一性」を修飾したり比較したりすることはできないのです。日本語でも、「非常に同じ」とか「もっと同じ」という言い方はふつうしませんね。

しかしながら、英語の形容詞と正確に対応する日本語が存在しない場合は、2つの言語のあいだで修飾・比較に関するズレが生じてきます。例えば「**unique なもの**」と言えば、それは、**ほかに類のないもの**、したがって**特別なもの**を表します。それとまったく同一のものがほかに1つも存在しないという意味です。**英語の unique** は、名詞を「ほかに類のないもの」と特定しているため、日本語の「ユニーク」と違って、**それ以上修飾したり比較したりすることはできません**。この unique が「ユニーク」として日本語に輸入されたのは、正確に同じ意味を伝える形容詞が日本語に存在しなかったからで、ところが、

日本語に取り入れる過程で、その語本来の意味が変えられ、(肯定的なニュアンスでの)「珍しい」に近い意味を表すようになった——少なくとも私はそのように想像しています。もちろん、英語でも unusual (珍しい)という語であれば、very unusual や more unusual といった言い方は十分可能です(日本語の「とてもユニーク」「... よりユニーク」はむしろこちらに近いでしょう)。

日本語の「すばらしい」について

　日本人であれば、英単語を理解する際には当然、その日本語訳に大きく依存するわけですが、しかし当然とはいえ、それはまた多くの欠点を伴います。その1つは、英語のある形容詞が「分類的」(classifying)、つまり「非段階的な・段階的程度を表さない」(non-gradable) 形容詞であるかどうかの識別が、その形容詞に「相当する」日本語が分類的形容詞でない場合には難しいという点です。例えば、wonderful と super はよく「すばらしい」と訳されますが、私はこの日本語が、「とても・非常にすばらしい」のように、段階的形容詞として使われるのを聞いたことがあります(このような使い方を好まない人もいるのかもしれませんが)。ところが、英語では、wonderful は確かに段階的形容詞ですが、super は段階的形容詞ではないのです。言い換えれば、super には日本語の「すばらしい」によっては伝えられない「絶対性」のニュアンスが含まれているということです(なお、たいていのネイティブスピーカーは super という形容詞に古臭い印象を受けると思います)。

　「すばらしい」の英訳にはこのほかに、「ボーダーライン」に近い語が存在します。ボーダーラインとは、それらの語が段階的と非段階的の境界線上に位置するという意味です。例えば、1987年度版の『コリンズ・コウビルド英語辞典』は superb と terrific を ADJ CLASSIF (つまり、non-gradable (非段階的))と分類していますが、

1995年度版および2001年度版では両者をADJ-GRADED（つまり、gradable（段階的））と分類しています。実は、私には両者とも non-gradable と感じられたため、この辞書で確かめてみるまでは、非段階的形容詞の例として先の super の代わりに superb と terrific を挙げるつもりでいました。いずれにしても、ネイティブスピーカーの話すことや書くものに、terrific と superb を more や very で修飾した例が出てくることは少ないと言っていいでしょう。

「色」について

どちらとも断定できないあいまいな領域はほかにもあります。例えば「色」は、分類的形容詞と考えられないこともありません。black などは色の意味で使われる場合は間違いなく分類的形容詞と言えます（ただし、He's in very black mood today.（今日の彼はひどく憂鬱な気分でいる）のように、比喩的な意味で記述的に使うことは可能です）。

しかし、色には濃淡があります。日章旗の太陽の赤は、一晩中飲み歩いた人の顔の色とはだいぶ違うのではないでしょうか。したがって、

- He has a **very red** face.
  彼は非常に赤い顔をしている。
- This rose is **redder than** that one.
  このバラはあのバラより赤い。

のような言い方が可能となるわけです。

自分の使いたい形容詞が段階的であるか非段階的であるかの判断に迷ったときには、先の『コウビルド英語辞典』を調べてみることをお勧めします。1995年度版および2001年度版では、gradable の形容詞には ADJ-GRADED、non-gradable の形容詞には ADJ と表示

されています(1987 年度版ではそれぞれ、ADJ QUALIT, ADJ CLASSIF と表示されています)。

very で修飾できない種類の記述形容詞とは？

ただし、この優れた辞書でさえ十分には教えてくれない、しかも今論じていることと密接に関係している、非常に厄介な問題があります(ここにその全体像を示すことはできませんが、少なくともこのような問題があるということは承知しておくべきでしょう)。

その問題とは、**記述形容詞（descriptive adjective）の中にも very で修飾できないものがある**のはなぜか、ということです。very が分類的形容詞（classifying adjective）を修飾できない理由は比較的容易に理解できると思います。ある種のユーモアを込めたものでもない限り、例えば、This plant is very dead. と言えないことはかなりはっきりしています。ところが、Tanaka-ya's *ton katsu* is **more delicious** than Kobayashi-ya's. と言っても少なくとも文法的には非難されるおそれがないのに、This *ton katsu* is very delicious. とは言えない(少なくとも言わないほうがよい)のはなぜか、という問題になると、理由はそれほどはっきりしたものではないのです。

英語の形容詞には、この delicious のように、**比較表現には使えても、一般に very といっしょに使うことのできない**単語がたくさんあります。例えば、terrific, superb, wonderful, marvelous, fantastic, tremendous, great など、「すばらしい」と訳される形容詞はすべてこれに該当します。それからその対極に位置する、terrible, awful, dreadful, horrible, horrid などもそうです。very が使えない理由は、これらの形容詞は**すでに very という概念を含んでいる**からです。wonderful なものは **very** good または **very** nice なのであり、terrible なものは **very** bad または **very** unpleasant なのです。

ちなみに、この terrible という語には、多くの日本人が誤解して

いる「恐ろしい」という意味はありません。見た目は似ていても意味の非常に異なる、使用頻度の高い形容詞が3つあります。すなわち、「ひどい」に近い意味を持つ terrible、「おそろしい」に近い terrifying、そして「すばらしい」に近い terrific です。この3つの形容詞はそれ自体に very のニュアンスを含んでいるため、ふつうは very によって修飾することのできない種類の形容詞です。ラテン語学者に聞けばその語源である terribilis や terrificare についても詳しく教えてくれるかもしれません。おそらく、元の意味が最も大きく変化したのは terrific ではないでしょうか。

話を元に戻すと、実は、先ほどの『コウビルド英語辞典』にも、この very による修飾に関していくらか参考になる部分があります。それは、ある形容詞の定義の中に very という語が出てきたら、おそらくその形容詞は very を使ってそれ以上修飾しないほうがよい、ということです。

例えば、この辞書で delicious を引くと、Food that is **delicious** has a very pleasant taste.（下線筆者）という例文が出ています。英語の delicious は、少なくとも程度においては、日本語の「おいしい」とは異なることがわかります。

主としてこの違いによるものでしょうが、英語の delicious は、実は日本語の「おいしい」よりも使われることはずっと少ないのです。このことはネイティブスピーカーと食事をする機会の多い人であればすでにご存知でしょう。それよりも彼らがよく使うのは、形容詞の good を含む表現です。1音節の good で十分なのに3音節の delicious をわざわざ使う気になれないから、ということもおそらく関係しているのでしょうが、理由としてはむしろ、delicious という言葉は特別な賞賛に値する食べ物のためにとっておきたいから、のほうが近いように思います（「いや、それはあなたが delicious な味を知らない文化の出身だからだ」という意見が少なくないことは承知していますが、その話は別の機会に譲りましょう）。

副詞の quite について

　本項でもう1つ説明しておかなければならないのは、形容詞とともに使われる副詞の quite についてです。quite はネイティブスピーカーではない人が理解し正しく使うことのとても難しい語ですが、それはこの語が、主としてイギリス英語では、いっしょに使われる形容詞によって2つの非常に異なる意味を持つからです(本項で述べる quite の用法は、必ずしもアメリカ英語には当てはまりません。アメリカ英語については、p. 157 の Mini-Survey を参照してください)。

　例えば、「私の教えるある学生は **quite** good at English です」と私(イギリス英語の話者であれば誰でも)が言えば、それは **relatively** good、あるいは **at least better than average** (少なくとも平均よりはよい)という意味です。同様に、「スキーをしていたとき、外は **quite** cold だった」と言えば、私は it was **on the** cold **side** の意味で使っています。どちらの場合も形容詞を特に強調しているわけではなく、私がその学生を非常にほめているとか、スキーをしているとき寒すぎて不快だったなどという意味ではありません。日本語でどう表現するのが一番よいのかわかりませんが、私の限られた日本語の Sprachgefühl (語感)からすると、「比較的よい」「いいほう」「まあまあ」とか、「比較的・ちょっと寒い」「寒いほう」などが近いのではないでしょうか。

　それに対して、学生の書いた文が **quite** correct だとか、たった今見た映画が **quite** fantastic だったなどと言えば、その意味はそれぞれ **completely** correct (まったく・完全に正しい)、**utterly** fantastic (まったくすばらしい)になります。

　quite が「比較的に」の意味で使われている最初の2例では、通常の記述形容詞を扱っているのであり、それらは very や more のような程度を示す副詞によって修飾することが可能です。一方、「まったく」を意味するあとの2例で扱われているのは、分類的形容詞の cor-

rect と、記述形容詞でも **very** で修飾することのできない **fantastic** という語です。[註)

quite と almost

　quite にはもう 1 つ厄介な問題があります。分類的形容詞または delicious や terrifying などの very で修飾することのできない記述形容詞といっしょに使われるときには、quite は必ず completely または utterly の意味になるという点はあえて断言していいと思うのですが、その一方で、**すべての分類的(非段階的)形容詞が quite によって修飾できるわけではない**のです。例えば、「誰かまたは何かが quite dead である(完全に死んでいる)」と言うことはできても、「ラジオが quite short-wave（完全に短波)である」と言うことはできません。私はこの quite による修飾の可否について、次のような判別法を考えてみました。つまり、問題となる形容詞の前に almost という語を置いてみるのです。もしも almost を使って差し支えなければ、quite (completely の意味での)を使うこともできるはずです。He is **almost** dead. はもちろん大丈夫です。The radio is almost short-wave. (そのラジオはほとんど短波である)は意味をなしていません。His manners are **almost** non-existent. (彼はまったくの礼儀知らずと言ってもいいほどだ)は結構ですが、The insurance company requires an almost medical report on all applicants. (その保険会社はすべての申込者に関するほとんど医療的な報告を求めている)はダメです。The building is **almost** unique. (そのような建物はまずほかに例がない)は何の問題もありませんが、My car is almost Italian. (私の車はほとんどイタリア製です)はとても奇妙です (My car is quite Italian. と言えば、Italian は記述形容詞、つまり、その車はイタリアのデザインをふつう連想させるような特徴を持つという意味に解釈され、quite は relatively の意味になるでしょう)。この判

別法は、非段階的形容詞とともに使うことのできる他の強意の副詞、absolutely, totally, completely, utterly などの適否について判断するときにも有効であると思われます。

not quite と almost

almost を用いた判別法は、not quite と形容詞の相性について判断するときにも使えます。例えば、**almost** sure (ほとんど確信している)という言い方も、**not quite** sure (完全には確信していない)という言い方も両方可能です。同様に、植物が **almost** dead (ほとんど枯れている)と言うことも、**not quite** dead (まだ完全には枯れていない)と言うこともできます。それに対して、本が almost interesting とか not quite interesting などと言うことはできません。not quite には almost よりも否定的なニュアンスがあるため、dead のようにもともと否定的な状況を指す形容詞といっしょになると、否定の度合いがいくらか相殺され、not quite dead は almost dead よりもやや肯定的なニュアンスになります。逆に、correct のような肯定的な状況を表す形容詞といっしょになると、not quite correct (完全に正しいわけではない)は almost correct (ほぼ正しい)よりも否定的なニュアンスになります。

quite happy はどれくらい happy か？

ところで、この quite に関して、知り合いの日本人から面白い質問をされました。I'm **quite happy** to wait for you here. という文についてはどうか、という質問です。*Oxford Advanced Learner's Dictionary* (2000年度版)によれば、この例文の quite の同意語として completely や absolutely などが挙げられているとのことでした。つまり、happy は通常の記述形容詞なのだから、quite は relatively

の意味ではないのか、この辞書の記述と私がこれまで説明してきたこととは矛盾しているのではないか、というわけです。

ポイントは、happy という語には、他の非常に多くの形容詞と同様、微妙に意味の異なるいろいろな使い方があるということです。I'm happy to do... という文における happy は、例えば、The news made me very happy.(その知らせを聞いて私はとてもうれしくなった)における happy とは意味が異なります。I'm quite happy to wait for you here. における happy について、『コリンズ・コウビルド英語辞典』は、"If you say you are happy to do something, you mean that you are very willing to do it." と定義しています。willing の前にある、副詞の very に注目してください。つまり、この用法の happy にはすでに very の意味が含まれているわけです。

したがって、たとえ同じ形容詞と使われた場合でも、quite の意味はその形容詞の微妙な意味の違いによって変化しうるということです。The news made me **quite happy**.(その知らせを聞いて私はちょっとうれしかった)では、quite は relatively の意味ですが、I'm **quite happy** to wait for you here.(ここであなたをお待ちするのは一向にかまいません)では、quite は completely の意味になります。

註) 主としてイギリス英語では、

- The meal was **quite** good.
  食事はまあまあだった。
- The hotel was **quite** nice.
  そのホテルは悪くなかった。

のように、quite が "relatively"(比較的に)の意味を表す場合(つまり、quite が通常の記述形容詞とともに使われる場合)、quite は fairly, rather, pretty と程度が似ています。したがって、例えばコンサートが quite/fairly/rather/pretty good だったと言えば、very/really/extremely/terribly good などと

言った場合よりも賞賛の度合いは低くなります。

　しかし、話し手のイントネーションや文化的背景にも大きく左右されるため、これらの副詞の相対的な強さを正確に測ることは困難でしょう。例えばイギリス英語、中でも「中上流階級」の英語では、伝統的に物事を控えめに言う特徴があります。アメリカ英語の影響でこの文化的特徴も大幅に消滅しているとはいえ、もしもイギリス人が The exam was **rather** difficult. と言えば、その試験は実際には extremely difficult だった可能性もわずかながらあるということです。同じことが quite, fairly, pretty についても言えます (quite, fairly, rather, pretty の用法の違いについては 11 章をご覧ください)。

　さらに、**アメリカ英語においては、quite はいっしょに使われる形容詞または副詞の性質に関わらず、very に近い意味を表す**ことがよくあります (→ Mini-Survey (p. 157))。アメリカ人の友人数人を自宅での昼食に招待したところ、そのうちの 1 人に食事が quite good だったと言われ侮辱されたように感じたという、メイン州に住むイギリス人の友人の話を聞いたことがあります。生っ粋のアメリカ人である奥さんに、それは very good の意味に間違いないと言われて納得したそうです。また、あるアメリカ人の友人の話では、アメリカ人が quite を使う場合、not といっしょに使うか(例えば、not quite sure (→ p. 53))、あるいは形容詞を使わずに名詞とともに用いて (→ p. 150)、いずれも completely の意味を表すことがいちばん多いのではないか、ということでした。この友人はまた、quite が rather の意味で使われる場合があることも認めています。quite がいかに扱いにくい副詞であるかがおわかりいただけるでしょう。

5. 形容詞の用法（その3）

~local, willing, likely, generous, available,
of + 名詞, absent, so-called, popular~

ここでは、ごくありふれた形容詞について、問題となりそうな点を具体的に考察していきましょう。

local

① **local people**

local を「いなか」と何かしら関係があると思い込んでいる人が多いようですが、「いなか」とは何の関係もありません。例えば、local people（地元の人々）とは、**すでに特定されたある場所に住んでいる人々**のことを言います。したがって、その場所がまだ言及されていないか前後関係から推測できない場合は、突然 local people と言われてもネイティブスピーカーにあなたの意図は伝わりません。おそらく、その会話が行われている場所――青山一丁目であろうが山の頂上であろうが――に住んでいる人たちのことだと思われてしまうでしょう（後者の場合は、きっと戸惑うと思います。ふつう、山のてっぺんに住む人はあまりいないので）。実際、local people の概念は、**定冠詞つき（the local people）**でなければ想像しにくいものなのです。話題になっているのは人々一般ではなく、明らかに特定の人たちなのですから。

② **local area**

同じように、**the local area** は、それが新宿であろうが団子町温泉であろうが、**すでに特定された場所を含む地域、およびその周辺地域**を指します。これに対して a local area は、理屈のうえでは、話

題になっている地域内の、ある1つの地域を指すと考えられないこともありませんが、それでもちょっと想像しにくいものです。ただし、**a** local specialty（その土地のある特産品）や **a** local custom（その土地のある習慣）なら、その土地にはいくつかの特産品や習慣があるでしょうから、ごく自然な言い方です。

③ 所有格 + local + 場所

日本人の口からはあまりに聞くことのないlocalの一般的な用法に、my local supermarket/cinema/station のように、所有格と場所の名詞を伴った言い方があります。**your local supermarket** と言えば、**あなたの家に一番近い（あるいは一番でなくとも、近い）ので、あなたが頻繁に利用するスーパーマーケット**のことです。世界最大の都市の中心部にあろうと、人口20人の村落にあろうとそれは変わりません（なお、イギリス英語では、your local と言えば、your local pub、つまり行きつけのパブのことを指します）。

④ local government

local government（地方自治体）は、国全体（the national government）ではなく、**ある特定の地域を管理する政府**のことです。Tokyo Metropolitan Government（東京都庁）も、県や郡の場合とまったく同様に、a local government なのです。

⑤ local train

やや例外的なのが、local train（普通列車）で、これは**各駅に停車する列車**のことを言います。なぜ local という語が使われているのか定かではありませんが、そのような列車（またはバス）は一般に出発点からあまり遠くまでは運行していないということと関係があるのかもしれません。

「いなか」のことを言いたければ、**rural** という形容詞を使うといいでしょう。rural people とか rural areas といった表現なら、ネイティブスピーカーにも確実に伝わります。ただし、私の経験から言えば、rural という形容詞には、日本語の「いなかの」よりも肯定的な含みがあると思われます。逆に、反意語の urban は、日本語の「都会の、都会的な」よりも否定的な意味で使われる傾向があり、problems, pollution, ugliness などの名詞とともによく使われています。実際、urban/rural の二分法という問題からは、物事の認識に対する興味深い文化的相違が浮かび上がってきます。さらに、「いなか」、「郊外」、country, countryside などの言葉を日英語間でいかに翻訳するかといった問題もあるでしょう。しかし、ここではそうしたテーマにまで踏み込むことは控えたいと思います。

willing

willing もよく誤解されている形容詞の1つです。

① be willing to do

be willing to do は、「喜んで...する」という意味では**ありません**。この点については p. 53 で、I'm quite happy to wait for you here. という文を扱ったときに若干触れたのですが、そこでは、be happy to do は very willing to do であることを見ましたね。例えば、もし私が、

Mr Yamamoto is willing to come to the meeting.

という文を聞いたら、「どうしても必要なら山本さんは会合に出るのは**嫌ではない** (he doesn't mind) のだな」と理解するでしょう。彼が「ぜひ来たがっている (keen)」というふうには考えません。同様に、

日本人のセールスマンが英語を話すクライアントに対して、

I am willing to come to your office to discuss this further.

と言っても、自社の製品を熱心に売り込んでいるようには聞こえないのです。もちろん、I am very willing to ... とすればいくらかマシにはなりますが、それでもなお、話し手が相手に**何かしてあげている**という印象を与えてしまいます(それは、I am quite happy to wait for you here. という文についても言えます)。同じ状況で、より望ましい、しかも比較的よく使われる言い方は、

I **would be** quite [more than] happy to come to your office to discuss this further.
よろしければ、お宅のオフィスにお伺して、この件ついて詳しくお話しいたしますが。

です。仮定の would be には if you like (もしよろしければ)とか if you ask me (もしお望みなら)といった含みがあり、打診的な物言いがこの申し出を丁寧なものにしているのです。

② **unwilling と reluctant**

上の意味での willing の反意語は unwilling と reluctant ですが、この2つの語には程度の違いがあります。次の例を見てください。

I am **willing** to write to him for you, but I am **not willing** (or **unwilling**) to go and see him. I would also be **reluctant** to phone him.
君のかわりに彼に手紙を書くのはかまわないよ。でも会いに行くのは嫌だな。電話するのも気が進まないんだけど。

この発言をする人は、手紙を書く心構えはできていますが（= be prepared/ready. これは willing と非常に近い意味です）、「彼」に会いに行くことは**拒否しています**。ちなみに話し手が、

　I **will not** go and see him.

と言えば、**さらに強く拒否している**ことになるでしょう。
　この話し手はまた、電話をすることも**ある程度拒否している**のですが、それでも、この文から明らかなのは、**会いに行くよりは電話をさせることのほうが、話し手を説得できる可能性が高い**ということです。また、第 2 文の would be は、話し手が実際には電話をするように頼まれていないことを示しています。つまり、if you asked me（もし頼まれたとしても）が言外に込められているのです（この例では、話し手は手紙を書くか尋ねて行くかのどちらかをするように頼まれていると考えられます）。

③　限定用法の willing

　一方、willing が限定形容詞として使われると、程度は弱まりますが eager や keen の意味に近くなります。例えば、a **willing** student とは、**強制ではなく自分の意思で**、それなりによく勉強している生徒のことです（「非常に熱心に・夢中になって」勉強している場合は、enthusiastic, eager, keen などを使うところでしょう）。
　注意したいのは、限定形容詞としての willing を使うと、**今現在その行動を行っている**という意味になる点です。したがって、

　He is a **willing** member of the committee.

と、

He **is willing to** be a member of the committee.

では、意味がまったく違ってきます。前者は、彼が**すでに委員会の一員として**、その活動に貢献している、つまり、自分の役割をそれなりにまじめに受け止めている、という意味です。それに対して後者は、依頼・要請があれば、**これから委員会のメンバーになるのはかまわない**、と言っていることになります。同様に、an **unwilling** member of the committee は、本当はやりたくないのに、いやいやメンバーになっている人のことを言います。

willing の限定用法は特によく使われるというわけではありませんが(これは unwilling の限定用法についても言えます)、例えば、強姦事件の裁判などにたびたび出てきて、被告側弁護人が被害者の女性は事件の a willing participant であった(被害者にはそうする意思があった)などという主張をよくします。

likely

『日本人の英文法』の中で、(a) perhaps, maybe, possibly と (b) probably のあいだには明確な違いがある、ということを述べました(同書 p. 105 参照)。すなわち、(a) のグループでは出来事の実現可能性が 50 パーセント程度である(さらに補足すれば、possibly はほかの 2 つより可能性がやや低くなります)のに対し、(b) の probably ではそれが 80〜90 パーセントに上昇するのでしたね。

① 形容詞の likely

likely は probably に近い語です。もっとも、likely は副詞よりも形容詞として使われることが多いので、正確には probable に近いと言うべきでしょう(『コリンズ・コウビルド英語辞典』には possible = likely と出ていますが、これは誤りです)。

likely と probable はしばしば交換可能です。

- The most **likely/probable** result of this fiasco is that he will resign.
  この大失態の帰結として最も考えられるのは、彼が辞任することです。
  (resign は quit (one's job) と同じ意味で、勤め(会社)を途中で辞めること、retire はふつう、定年退職するという意味ですから、両者はまったくの別物です)
- An election now seems **likely/probable** before June.
  どうやら6月より前に選挙がありそうだ。
- I don't think it is **likely/probable** (that) many people will agree with you.
  多くの人があなたの意見に賛成するなどというのはちょっと考えにくいと思う。
  ("is" は省略できないこともありませんが、特に会話では省略しないのがふつうです)

ただし、形容詞の likely は probable よりもはるかに使用頻度が高いという点に注意してください。『コリンズ・コウビルド英語辞典』によれば、likely は(使用頻度の高低を示す)菱形マークが5つであるのに対し、probable はたった1つです。なお、副詞の probably は perhaps と同じく菱形マーク5つ、maybe と possibly はどちらも4つです。

また、perhaps, maybe, possibly に共通の形容詞形は possible だけです。**possible は「けっして100パーセントの可能性ではない」**ということを表しているのに対し、**not + possible (impossible) は「可能性はまったくない(0パーセントの可能性)」**ということを表しています。

- It is **possible** that the meeting will be cancelled.

  → The meeting **may** [will **perhaps**] be cancelled.

  会議は中止になるかもしれない。

  It is **not possible** that the meeting will be cancelled.

  → The meeting **certainly** will **not** be cancelled.

  その会議が中止になることは絶対にない。
- The weather was a **possible** contributory factor in the accident.

  → The weather **may** have been a contributory factor in the accident.

  事故を引き起こしたのは、悪天候が1つの要因であったかもしれない。

  The weather was not a **possible** contributory factor in the accident.

  → The weather was **certainly not** a contributory factor in the accident.

  悪天候は事故の要因ではありえなかった。
- It is **possible** to explain this phenomenon in one short sentence.

  → This phenomenon **can** be explained in one short sentence.

  この現象をたった1文で説明することも可能です。

  It is **not possible** to explain this phenomenon in one short sentence.

  → This phenomenon **cannot** be explained in one short sentence.

  この現象をたった1文で説明することは不可能です。

ご承知のとおり、基本的に <u>not</u> maybe/perhaps/probably という言い方はできません。maybe/perhaps/probably **not** なら結構です。

(×) Ichiro will not maybe/perhaps/probably come to the party.
(○) Ichiro will **maybe/perhaps/probably not** come to the party.
　一郎はパーティには来ないかもしれません (maybe/perhaps)・たぶん来ないでしょう (probably)。
　(ただし、will maybe は助動詞 may を使って、Ichiro **may not** come to the party. とするほうがふつうです)

　一方、not possibly はごくふつうの言い方です。こちらは特に助動詞 can を伴ってよく使われています。
　possible と not possible の場合と同様、possibly と not possibly のあいだにも、可能性においては明確な違いがあります。

- I **can possibly** get there by 3 o'clock
  → I **may** be able to get there by 3 o'clock.
  3 時までにはそこへ行けるかもしれない。
  I **can't possibly** get there by 3' o'clock.
  → I **definitely cannot** get there by 3 o'clock.
  どうやっても 3 時までにそこへ行くことはできない。
- It **could possibly** be true.
  → It **may** be true.
  それは真実かもしれない。
  Nothing **could possibly** be further from the truth.
  → It is **definitely** completely untrue.
  それはとうてい真実ではありえない。
- We **can possibly** ask him to do that.
  → We **may** be able to ask him to do that.
  それを彼に頼むことは可能かもしれない。
  We **can't possibly** ask him to do that.

→ We **definitely cannot** ask him to do that.
そんなことは彼には絶対に頼めない。

② **be likely to do**

よく知られる **S + be + likely to do** のパターンでは、likely を probable で置き換えることはできませんが、副詞 probably（ふつうは will probably）を使って同じ意味を表すことは可能です。

- **I'm likely to** be a little late for the meeting.
  → I **will probably** be a little late for the meeting.
  会合には少し遅れそうです。
- The recession **is likely to** continue for several more years.
  → The recession **will probably** continue for several more years.
  不況はたぶんさらに数年続くでしょう。
- There **are likely to** be quite a few complaints about this.
  → There **will probably** be quite a few complaints about this.
  この件についてはたぶん多くの苦情が寄せられるでしょう。
- **Are** you **likely to** see Clare tomorrow?
  明日クレアに会いそうですか。
  （probably は疑問文ではめったに使われないため、この文を probably を用いて書き換えることには無理があります）

③ **副詞の likely**

上の例文の probably を、さらに副詞の likely に置き換えることも可能です。

I will **likely** be a little late for the meeting.

この用法はイギリス英語ではまず見かけませんが、アメリカ英語では時々使われているようです(ただし、アメリカ英語でも be likely to のほうが一般的です)。

　一方、副詞の **likely** が **most**(または **very**)を伴って、**almost certainly**(ほとんど必ず)の意味を表す用法は、イギリス英語にもアメリカ英語にも見られます。

- We'll be there by six, **most likely**.
  6時までにはほぼ確実に行けるでしょう。
- **Very likely**, the accident was caused by the weather.
  事故の原因が悪天候にあったことはほとんど間違いない。

　なお、quite も likely を修飾することができますが、**quite likely は「中くらいの程度」(medium degree)を表す**ことに注意してください。実現可能性は likely よりやや低くなります。

He **quite likely** didn't know what he was doing.
彼は自分が何をしているのかわからなかったんじゃないかな。

　ただし、quite likely はアメリカ英語ではあまり使われていないようです。

generous

　時々使う英作文のテキストに「寛大な人」という表現を含む文が出てくるのですが、仮にこれを学生に和訳させれば、少なくとも半数は和英辞典で「寛大な」を調べ、generous という語を選ぶに違いありません。確かに、generous は適切な文脈の中では「寛大な」に近い意味を持つこともあるのですが、それよりも圧倒的に多いのは、**何か**

(たいていはお金)を**ふつうまたは期待以上に与える人**という意味を表す場合です。つまり、ネイティブスピーカーは generous を、それが明らかに別の意味で使われているのでない限り、自動的に「気前がよい」という意味に解釈してしまうわけです。

He is **generous** with his praise.
彼はよく人をほめる。

というような場合でさえも、generous の根本的な意味(何かをふつうまたは期待以上に与える)は生きています。with his praise をつけることで、お金のことではないと言っているにすぎません。おそらく日本語の「寛大な」の範疇に入りうるのは、someone **is/has a generous soul/spirit** のような言い方をしたときだけでしょう。「寛大な」に当たる訳語は、これも状況によるでしょうから断定はできませんが、一般に **warm-hearted** や **lenient** などの形容詞のほうが、generous よりもずっと近い感じがします。magnanimous という語も非常に近いでしょうが、この語の難点は、会話ではもちろんのこと、一般にもあまり使用されていないということです。

available

　日本の公共の郵便ポストには、POST という文字がデザインされています。発案者の意図がいかなるものであったかはわかりませんが、当然の帰結として、たいていの日本人は郵便ポスト自体が英語で (a) post と呼ばれると思っているようです。もちろん、この物体を日本語で「ポスト」と呼ぶことには何の問題もありません。しかし、英語で同じものを指して post と言うと、確実に問題が起こります。日本の郵便ポストに当たるものは、イギリス英語では **a postbox**(アメリカ英語では **a mailbox**)と呼ばれているので、例えば、一番近い

「ポスト」はどこですかと尋ねられたネイティブスピーカーは、日本語の「ポスト」の意味を知らない限り何を言われているのか判断がつかないでしょう。

英語の post (不可算名詞) (アメリカ英語ではふつう mail (不可算名詞)) には、次のような意味があります。

(a) 手紙や小包を集配する公共の業務または制度(実際には、**the post** と呼ばれます)。

- His letter seems to have been lost in **the post/mail**.
  彼の手紙は郵送中になくなってしまったようだ。
- Can you send it to me **by post/mail**?
  それを私に郵便で送ってくれませんか。
  (**by car** と同じくイディオムなので、定冠詞がありません)

(b) この制度によって扱われる手紙や小包。

- I don't receive much **post/mail** these days.
  この頃あまり郵便が来ない。
- Has the **post/mail** arrived yet?
  もう郵便は来ましたか。

日本の郵便ポストに POST と表示する際に元になったのは、(a) のほうではないでしょうか。

post/mail にはほかにもいくつかの意味が考えられますが、ここでは説明は省略します。

◆「利用できる」という日本語との差

なぜ形容詞の項で名詞の話をしたかというと、よく誤用される

5. 形容詞の用法(その3)

availableという形容詞について書こうと思い、そのときふと、大阪のあるコンサートホールで見かけた郵便ポストのことが頭に浮かんだからです。その郵便ポストは投函口がふさがれていて、「このポストは利用できません」という貼り紙がしてあり、親切にも、This post is not available. という英訳まで添えられていました。英文中の This post における問題点はもはや明らかでしょうが、available については多くの人が説明を必要とするのではないかと思います。

availableに対してたいていの日本人がまず初めに思い浮かべるのは、「利用できる」という日本語のようです。大半の英和辞典がこの訳語を最初に挙げているのですから無理もありません。しかし、この訳語は多くの誤用の原因になっているため、最初に提示されるべきものではないというのが私の考えです。

実は something is available と言った場合、available は、(**if you** [= 人々一般] **want it,) you can obtain** [**get**] **or find it for your use** (もし望むなら、自分で使うためにそれを手に入れる・見つけることができる)**という意味を表すことが圧倒的に多いの**です。

(1) Guns are readily **available** in the U.S.
(If someone wants a gun, he/she can easily obtain/get one in the U.S.)
銃がほしければ、米国ではたやすく手に入る。

(2) Information about this machine is readily **available** on the Internet.
(If you want information about this machine, you can easily find/obtain it on the Internet.)
この機械についての情報がほしければ、インターネットで簡単に見つけることができる。

(3) This book is only **available** at large bookstores.

(If you want a copy of this book, you will only be able to find/get one at a large bookstore.)
この本は、大型書店でなければ見つける・手に入れることができない。

(4) These shoes are **available** in several different colors.
(If you want to buy these shoes, you can choose from [i.e. find/get them in] several different colors.)
この靴がほしければ、何種類かの色から選ぶ(すなわち、見つける・買う)ことができる。

(5) Cash machines are **available** in most department stores.
(You can find cash machines in most department stores.)
たいていのデパートでキャッシュディスペンサーを見つけることができる。

　例文(5)は除くとして、ほかの文ではどれも「利用できる」という訳語は認められないように思います。例文(1)の available を「利用できる」と訳せば、それはひどい誤訳ではないでしょうか(日本語としてマトモであろうとなかろうと)。例文(5)でさえ、含意するところはキャッシュディスペンサーを利用できる(use)ということではあっても、それはこの文の根本的な意味ではないのです。同じことは例文(2)についても言えます。

　また、上の例文から、available はしばしば can be bought(買うことができる)と解釈できることに気づくはずです(例文(1)(3)(4))。したがって、例えば英語の広告には、次のような表現が頻繁に登場します。

- (商品が) only be **available** at this special price for a limited period
限定期間のみこの特別価格で購入可能。

- (チケットが) be **available** to members at a discounted price
会員は割引料金で購入可能。

さて、そこで再び、「問題」の英文を見てみることにしましょう。

This post is not available.

何が「問題」か、もう見当はつきますね。
　状況(とりわけ、投函口がふさがっていること)から推して、たいていのネイティブスピーカーはこの貼り紙の意図を正しく理解してくれるとは思いますが、しかしこの文自体の本当の意味は、You cannot have/buy this post/mail(box). (この郵便物(または、ポストごと)を手に入れる・買うことはできません)ということなのです(ダレガカウモノカ)。正しい英語は、

This postbox/mailbox is out of use.

となります。

◆「利用できる」が使えそうな場合
先ほども述べたように、この available は「何かを利用できること」とまったく関係がないわけではありません。例えば、あなたが席に座りたいと思って、空席の隣に座っている人に向かって、

Is this seat **available**?

と尋ねれば、あなたがその席を使いたがっていることは尋ねられた側にも明白です。ただし、この文は正確には、Is no one else using/occupying this seat? (この席を使っている・占めている人はいない

のですか)、つまり、Is this seat free? (この席は空いていますか)という意味です。

この available はまた人に対しても使用可能で、実際に非常によく使われています。例えば、

Are you **available** this afternoon?

という文であなたが聞かれているのは、あなたは今日の午後は空いているのか・用事はないのか、もしそうなら、尋ねた人といっしょに、あるいは尋ねた人のために何かできないか、ということです。Is Mr Smith available? のような言い方は、相手のオフィスに出向いて、そこでその人と会えるかどうか尋ねたり、電話で相手と話せるかどうか尋ねたりするときによく使われますので、ここで覚えておきましょう。もちろん、Is Mr. Smith in? と言っても結構です。

しかし、上のいずれの例 (Is this seat available? と Are you available this afternoon?) においても、「利用できる」という日本語をそのまま当てはめることは難しいでしょうから、以下で、この日本語が使えそうな例をいくつか検討してみましょう。

(a)　There are several private rooms **available**.

予約をしたいお客さんに、レストランの店員がこのように答えることがあるかもしれません。この英語は、状況次第で、次の2つの解釈が成り立ちます。

① そのレストランには顧客が利用できる個室がいくつか設けられている(キャッシュディスペンサーに関する例文(5)と類似)。
② そのレストランにある個室のうちいくつかが空いている。すなわち、まだ予約が入っていない (Is this seat available? に類似)。

仮に、No private rooms (are) available. という掲示をレストランが出した場合(掲示では動詞は省略されるのがふつうでしょう)、そのレストランにはもともと客用の個室がないという意味なのか、それとも個室はあるがすべて予約済みという意味なのか不明瞭な印象を与えてしまうでしょう。したがって、実際に個室のあるレストランでは、No private rooms available **today**. (本日は個室はすべて予約済み)とする可能性のほうが高いと言えます。一方、ホテルであれば、No rooms available. だけでかまいません(ホテルに客用の部屋がなければ、それはホテルではないので)。

(b)　Buses are **unavailable** after 11 p.m.

　午後11時以降はバスの便はない、言い換えれば、午後11時以降バスは見つからない(can't find)(というより、乗る(get)ことができない——**get a bus** は take a bus の代わりとして立派に通用します)、という意味です。ネイティブスピーカーには、ここでの available の使い方は前出の例文 (5) (キャッシュディスペンサーの例文)とよく似ていると感じられます。言うまでもなく、この文に含まれているのは、午後11時以降はバスを use (利用)できないという意味ですが、ここで重要なのは、バスの便は**まったくない**という点です。11時以降もバスは運行しているのに客を乗せてくれないとしたら奇妙ですから。仮にこのような解釈ができるとすれば、それは You can't use the buses after 11 p.m. (そのバスは11時以降は利用できない)という英文に対してでしょう。
　では、ここで問題です。次の例文 (c) (d) は○なのに、例文 (e) (f) が×なのはなぜでしょう。

(c)　(○)　This room is **available** after 10 a.m.
(d)　(○)　My house is **unavailable** for next week's meeting.

(e)（×）This exit is <u>unavailable</u> after 11 p.m.
(f)（×）The station is <u>available</u> until 1 a.m.

　この例はみな「利用できる・利用できない」の訳としてふさわしいように見えます。(c)(d) と (e)(f) の違いは、実は例文 (a) There are several private rooms available. の ② の解釈からきています。すなわち、**available** が、can be obtained/found（入手できる・見つかる）ではなく、**can be used**（利用・使用できる）という意味を持つ場合、そこには明らかに、それを利用・使用できるのはほかの人が誰もそれを使っていないからだ、という意味が含まれているのです。例文 (c) は、その部屋は午前 10 時以降はほかに誰も利用する予定がないので、使うことができる、という意味であり、例文 (d) は、話し手の家は、来週会合が行われるときにはほかの目的でほかの人が使うため、その会合には使用できない、という意味です。ところが、このニュアンスは例文 (e)(f) にはまったく存在しません。午後 11 時以降その出口を利用できないのは、ほかの人が利用しているからではなく、その出口が閉鎖されている (closed) からです。この文で使うべき形容詞はこの closed のほうです: This exit is **closed** after (at のほうがいいと思います) 11 p.m. 例文 (f) も同じように考えて、This station is **open** until 1 a.m. としましょう。

　「じゃあ、例文 (b) の Buses are unavailable after 11 p.m. はどうなの？　バスが利用できないのは、11 時以降、誰か別の人が利用するから、というわけじゃないでしょ？」

　そのとおりです。しかしそれは、あくまでこの英文の訳に「利用できない」という日本語が使えるというだけで、この日本語がこの英文の unavailable の根本的な意味を表しているわけではないのです。先ほども触れたように、ほとんどのネイティブスピーカーはこの文を、バスを use できないという意味ではなく、むしろバスの便はまったくない (can't **find/get** buses after 11 p.m.) という意味に解釈する

と思います。試しにこの find と get を例文 (e) (f) に当てはめてみれば ((×) can't find/get this exit after 11 p.m., (×) can find/get the station until 1 p.m.)、例文 (b) との違いがはっきりするでしょう。

of + 名詞

　of + 名詞のかたちをとる前置詞句がいくつかありますが、それらは例えば of value, of use, of importance, of interest のように、be 動詞のあとにきて形容詞相当語句の働きをします。これらの語句は、その中で使われている名詞の形容詞形とまったく同等のもの(例えば、of value = valuable)と教えられるのが通例です。基本的にはそれで正しいのですが、しかしこの説明は、これらの前置詞句が一般にどのように使われているかに関しては、ほとんど何も教えてはくれません。少し考えてみればわかるように、

　He told me **something important**.

と言えばすむところを、わざわざ、

　He told me something of importance.

という言い方をしてもあまり意味がありませんね。というより、ふつうこのような言い方はしないのです。つまり、**この of + 名詞のかたちは文章中にはよく見かけるものの、話し言葉ではめったに使われることはない**のです。

　とはいえ、単独の形容詞ではなくこのかたちを使うからには、それなりの理由があるはずです。**これらの前置詞句は、of と名詞のあいだに形容詞または限定詞 (no, little, some, much, etc.) を挟んで使**

われる場合が非常に多い、と考えてほぼ間違いないでしょう。

- It's of **no** importance.
  それは重要ではない。
- The technique should be of **great** interest to physicians.
  その技術は医師たちにとって非常に興味深いものでしょう。
- Few of the devices were found to be of **much** use.
  その装置の中で役に立つものはほとんどなかった。
  (much は必ずと言ってよいほど否定文や疑問文で使われ、肯定文では great のほうがよく使われるという点に注意。much について詳しくは 16 章をご覧ください)

したがって、この of + 名詞のかたちは、形容詞や限定詞なしで使うことはなるべく避けたほうがよいと思います。

話が脱線しますが、a number of もあいだに形容詞を挟んで使われることがあります。たいていの英和辞典はこの表現に「多くの」という訳語を与えていますが、私が気になっているのは、それでは a **large** number of はどう訳すのか、ということです。例えば同僚に、

A number of students were (×was) absent from the exam.

と報告する場合、私が伝えようとしているのは、けっして a lot of students が欠席したということではありません。一方、

A large number of students . . .

であれば、そのような解釈を求めていることになります。**a number of** . . . は、要するに、**some/several** students が欠席したという意味です。英語では、a **small** number of と a number of と a **large** number of のあいだには明確な違いがあり、それぞれ、**a very few, some/several, a lot of** と分けて考えることをお勧めします。

さらに、a very large number of のくだけた言い方として、**any number of** もよく使われています。

There are **any** number of books on this subject.
このテーマに関する本はいくらでもある。

absent

① 叙述用法の absent

先ほどの例文に absent が出てきたついでに、日本人はこの語を使いすぎるきらいがあることも指摘しておきましょう。先の absent の例はもちろん正しい英語です。学生が be **absent** from exams or classes (試験や授業を欠席する)という事態は感心しなくとも、コロケーション(語と語の結びつき)の点では何の問題もありません。さらに、

- be **absent** from work/**absent** from his desk
  (後者は away from his desk のほうがふつうでしょう)
  仕事を休む・席をはずす
- be **absent** from a meeting
  会合に欠席する
- be **absent** without leave (AWOL)
  (兵士の)無許可離隊、無断外出

なども文法的には問題ありません。問題となるのは、absent がパーティやコンサートなどを表す語といっしょに使われたときです。absent という語を使う前によく考えなければならないのは、この形容詞

で説明される人物には**そこに出席する義務があるのかどうか**という点です。もし義務がないのなら別の語句を使うほうが得策でしょう（not here/there や didn't come/go などがピッタリです）。例えば、その人が病気であるとか、その日は出社しないで1日中パチンコをして過ごすことに決めたとかいう場合には、absent from work（または off work）と言うことができます。しかし、もしその人が当然の権利として休暇をとっているとしたら、その場合は、

　be on vacation/holiday

という言い方をします。同様に、母親が娘の結婚式や葬儀に欠席して（absent from her daughter's wedding or funeral）かえって目立つようなことはあっても、娘の同僚の夫について同じような言い方をすることはまずありません——その娘と面識がない場合には特に。もちろん、出席すべき義務の程度は文化により差があるでしょうから、その点も考慮しなければなりませんが、少なくとも英語のネイティブスピーカーに someone is absent と言えば、「その someone には出席する義務がある」と伝えていることになりますので、注意が必要です。

② **限定用法の absent**

以上は叙述用法における absent の使い方ですが、absent には（使われることはずっと少ないものの）限定用法もあります。こちらの場合は、**出席しなければならないという義務感は必ずしも叙述用法のときほど強いわけではありません**。例えば結婚披露宴で、absent friends に乾杯する花婿はその友人たちが出席していないことを非難しているわけではありません。それに対して、absent father という言い方には多少の非難が込められていて、子供たちと同居していない父親のことを指しています。もっともこのニュアンスは、限定用法の absent

5. 形容詞の用法(その3)

の意味よりも、むしろこの表現自体の意味からきているものでしょう。

③ **absence**

absence という名詞についても ② と同様のことが言えます。つまり、**名詞の absence は、人やものがある場所 (place) に存在していないという事実を述べている**にすぎません。この「**場所**」という言葉に注目してください。

日本人は「久しぶりに」とか「...年ぶりに」などの言葉を英語にする際、よくこの absence を使います。この語は、例えば「先週 10 年ぶりに生まれ故郷を訪ねた」という文の英訳に使用するのであれば、一向に差し支えありません。

(○) I visited my hometown last week after ten years' **absence**.

まずいのは、「先週 10 年ぶりにジャックに会った」のような文に使ったときです。

(×) I met Jack last week after ten years' absence.

理由は、my hometown (自分の生まれ故郷)は場所を指し、absence はその場所に「自分」がいないことを表していますが、Jack は場所ではないからです。もっとも、このような内容を表すときは、いずれも **for the first time in ...** を用いるほうが一般的でしょう。

I visited my hometown/I met Jack last week **for the first time in** ten years.
(「久しぶりに」は、after a long absence を使うこともできますが、むしろ状況に応じて for the first time in ages/years/months などを使うようにしたほうがよいでしょう)

他方、

- This arrived in your **absence**.
  あなたの留守中にこれが届きました。
- **Absence** from the meeting is no excuse for ignorance.
  会議に出ていなかったからといって、知らないことの言い訳にはならない。

のような文は、改まった感じはするものの、特に珍しい例ではありません(はじめの文には非難の意味は含まれていませんが、2番目の文には含まれています。ただしその非難は内容によるもので、absence という言葉自体によるものではありません)。

④　**動詞の absent**

　absent oneself from に見られる動詞の absent (ストレスは第2音節)は、実際にはあまり使われることはありません。言い換えれば、非常に改まった言い方です。例えば、欠席することによってある種の抗議を行うというような、何か特別の意味でもない限り、absent yourself from a meeting という言い方はしないのです。忙しくて時間がないとか、ほかにすることがあるなどといった単純な理由なら、**miss** a meeting や **do not attend** a meeting と言います。**stay away from** も使われますが、これは、出席しないことには何か意味がある、といった印象を聞き手・読み手に与える可能性があります。I've decided to **stay away from** him and his stupid meetings. (私は彼と彼のくだらない会合に近づかないことに決めている)。同様に、stay away from school している生徒が学校を欠席しているのは、おそらく病気などの単純な理由からではなく、例えば、いじめにあっているとか、授業についていけないなどの問題を抱えているためだと考えられます。

so-called

so-calledは、「いわゆる」という日本語に対する便利な訳語であるようです。時には確かに便利かもしれませんが、このような覚え方は明らかに誤解を招く危険を孕んでいます。というのも、so-calledの最も一般的な用法は、**ある人やものの描写に使われている語または表現は適切でない、あるいは間違っていると話し手は思っている**、ということを暗に伝えることだからです。典型的な例を挙げましょう。

- Not one of his **so-called** friends supported him.
  彼の名ばかりの友人たちは誰一人として彼を助けなかった。
- The hotel has a tiny sauna in the **so-called** fitness center.
  そのホテルには名ばかりの「フィットネスセンター」にちっぽけなサウナがある。

最初の例では、his friendsと言われる人たちは彼を助けなかったので、(話し手の考えでは) real friendsではない、次の例では、そのホテルの「フィットネスセンター」は、(話し手の考えでは)そう呼ぶに値しない、ということをそれぞれ伝えています。ですから、外国からのお客さんに伝統的な日本の農家を案内しているようなときには、This is a so-called "hibachi."ではなく、

This is **what is called/what we call** a "hibachi."

と言うようにしましょう。so-calledのほうは、そのお客さんが火鉢というものを知らなければ特に差し障りはないかもしれませんが、もし知っていれば、「話し手はその品の価値を低く見ている」と受け取られてしまう可能性が大きいと言えます。仮に相手が火鉢という言葉を一度も耳にしたことがないとしても、誤解されるおそれがあることに

変わりはありません。もちろん、本当に粗末な品だとあなたが思っているのであれば別です。その場合には、so-called にストレスを置いて、ほかの語よりもゆっくり発音するといいでしょう。

popular と common

本書の読者でこの 2 つの単語の違いを知らない人はあまりいないと思いますが、私の教えている学生の中には、

(×) Colds are more popular in winter than in summer.

のような英文を書く人が何人かいて、しょっちゅう私を驚かせてくれます。popular と common に対応する、しかも違いのはっきりした日本語——「人気のある」vs「よくある」——が存在することを考えると、なおさら意外な感じがします。念のために説明すれば、**popular は、多くの人が好きでない限り、あるものを指して popular と言うことはできません。さらに、そこには選択のニュアンスも含まれていなければなりません**。例えば、

Daisuke is a **popular** name in Japan.
「大介」は日本で人気のある名前です。

と言うことは可能です。この名前を好きで、自分の息子にこの名前を選ぶ人がたくさんいるからです (Daisuke is a **common** name in Japan. と言うこともできますが、意味は違ってきます)。ところが、

(×) Suzuki is a popular name in Japan.

と言うことはできません。自分が鈴木と呼ばれたり、他人を鈴木と呼

んだりすることを、選択して決める人はいないからです(その名前が好きでも嫌いでも)。同様に、ある製品が popular であると言えるのは、多くの人たちがそれを気に入り、選んで買うようになったときです。また、popular な人とは、多くの人が好きになり、選んで関わろうとする人(テレビで見るタレント、支持する政治家など)のことを指します。一方、風邪は、好き好んで引こうとする人が大勢いない限り(いそうもないので) popular (人気者)にはなれませんが、風邪を引く人はたくさんいますから、common な(よくある)ものではあるわけです。

6. 副詞の用法(その1)

～句動詞と前置詞つき動詞の違い～

 ミドルスクールに入学して、生徒のあいだで「おっかない」と評判の先生にラテン語を教わることになったとき、私は上級生の1人に、どのようにすれば授業をうまく切り抜けられるか尋ねてみました。そのときの上級生の助言で今もはっきりと覚えているのは、「ある単語の品詞を聞かれて答えに迷ったら、副詞と答えておけばいい」という言葉です。11歳というまだ幼い年齢には、adverb（副詞）や adjective（形容詞）はおろか、part of speech（品詞）といった言葉さえも、何だかぼんやりとした概念でしかありませんでした。当時 (1960年代後半から70年代前半)のイギリスでは、文法中心の英語教育はほとんど完全に退けられ、外国語教育においてさえ文法は、文法そのものを学ぶのではなく、その言語を実際に使うことによって自然に身につけるものと考えられていたのです。

 ところが、ラテン語の教育は例外でした。私は英語教育に携わることになった今、当時あれほど嫌いだったラテン語を学んだおかげで、例えば分詞とは何かを知らないまま卒業せずにすんだことを、実は密かにありがたく思っているのです(ラテン語自体はあまり知らないまま卒業しましたが)。それは何も、文法に基づく教え方のほうがコミュニケーション中心の教え方より「優れている」と考えているからではありません——何しろ私がラテン語をあれほど嫌った大きな理由の1つは、文法中心の教育にさらされていたことに間違いないのですから。しかしながら、ある程度の文法知識を有しているほうが相手を納得させるコミュニケーションをしやすいと考えていることも事実です。教育の現場でも、生徒が言ったり書いたりしたことが「間違い」なのは、例えば副詞を使うべきところに形容詞を使ったからと理由を明示でき

るほうが、「そのような言い方はしない」とか「不自然に聞こえる」などといったおざなりな説明に頼るよりも、ずっと楽ですし効率的です。そのような説明は、必ず、"Why?" という疑問を招くことになるからです。

区別して考える

　先ほどの先輩の助言に授業中、何度か救われたことはあったでしょうが、結局たいした役には立たなかったと思います。ただ、副詞、あるいは少なくとも副詞的な語句は、いろいろなかたちや長さとなって現れるため必ずしも容易に見分けがつかないことは確かでしょう。例えば、英語を母語としない人にとって、英語の句動詞（phrasal verb）と前置詞つき動詞（prepositional verb）を見分けるのはけっしてやさしいことではないと思います。

　前置詞つき動詞もしばしば句動詞と呼ばれていることは承知のうえで、ここではあえて2つを区別して話を進めていきましょう。

　まず、**句動詞とは、**switch off や put off のように、**副詞（正確には、副詞不変化詞（adverb particle）[注]）と結びついた動詞**のことを言います。それに対して、**前置詞つき動詞は、**consist of や insist on のように、**前置詞と結びついた動詞**のことです。私は、日本で英語を教え始めた頃、ある日本人の英語教師が授業中に次のような説明をするのを聞いたことがあります。「on が副詞のときは on を代名詞のあとに置き、on が前置詞のときには on を代名詞の前に置く。例えば、Why don't you try it on? (it = the coat)（試着してみれば？）と You shouldn't depend on it. (it = his help)（それを当てにしないほうがいい）のように」。けれども学生は、そもそも on が副詞であるか前置詞であるかをどのように区別しているのでしょうか。

　ネイティブスピーカーであれば、try on it や depend it on などの語順が誤りであることは直感的に判断できますし、副詞か前置詞かを

区別する(したければ、の話です。どうでもいいと思うネイティブスピーカーがほとんどでしょう)ことも簡単です。例えば、call off (= cancel) の off が副詞か前置詞かを知りたければ、call と off のあいだに目的語を置いてみればいいのです。

(○) call the meeting off (call off the meeting も○)
(○) call it off (call off it は×)

のようにして問題がなければ、off は副詞です。
　一方、jump off のように、あいだに目的語をおいてまずければ、off は前置詞です。

(×) We decided to jump the boat off.
→ (○) . . . jump off the boat.
(×) We decided to jump it off.
→ (○) . . . jump off it.

　さらに、come in のように、どちらにも目的語を置くことができなければ、in は副詞になります。

(×) come the house in
(×) come in the house
(×) come it in
(×) come in it
(ただし、come into the house は○)

　ネイティブスピーカーには、目的語が可能かどうか、そして可能ならどこに置けばいいのかが直感的にわかるものなのです。
　しかしこの方法は、call off it や jump the boat/it off の語順が

「なぜ」誤りであるのかを説明するのには役に立ちません。以下で、その理由について検討していきましょう。

つなぎ役としての前置詞、文意に影響しやすい副詞不変化詞

　副詞不変化詞は動詞を修飾していますが、前置詞はたんにその前の、ふつう自動詞とされる動詞が目的語を取れるようにしているにすぎません(事実、前置詞つき動詞は**必ず**目的語を取らなければなりません)。これは、**おそらく副詞不変化詞のほうが前置詞よりも文の意味にとって決定的に重要である**ことを示すもので、一般的にもそうであるとされています。そのため、**会話では副詞不変化詞はふつうわずかに(あるいは、わずか以上に)強勢を置いて発音されるのに対し、前置詞のほうは比較的弱い音ですませてしまう傾向が強い**のです。例えば、

　I was listening **to** some music.

という文において、前置詞 to は文法的な機能を果たしているにすぎず、文の意味に何かを加えているわけではありません。ネイティブスピーカーの会話では、この to はたいていあいまいな [t] 音としてしか聞こえないでしょう。一方、

　I was writing some music out.

という文において、副詞不変化詞の out は文の意味を形成するうえで必要不可欠な要素であり、話す際には強勢が置かれると考えられます(この文が意味するのは、話し手が他人の作った曲をそっくりそのまま写しているか、あるいは、自分が作った曲を紙などに書き写しているかです。それに対して I was writing some music. は、そのとき作曲していたという意味になります)。

call off it はなぜ間違いか？

call off it の語順はなぜ×なのでしょうか。

副詞不変化詞を目的語の前に置くかあとに置くかによって、実は、微妙な意味の違いが生じてきます。

(1)　I'll hand **out** the model answers at the end of the class.
(2)　I'll hand the model answers **out** at the end of the class.

(1)のように、**副詞不変化詞が目的語の前にくると、目的語を強調する**ことになります（ほかの資料ではなく、模範解答の資料）。一方、(2)のように、**副詞不変化詞が目的語のあとにきていれば、強調されるのは、**（「配る」という）「**行為そのもの**」です。

目的語が代名詞の場合、その目的語はすでに明確に定義されているわけですから、強調したいのはやはり行為そのものということになるでしょう。そのため、call it off のように、**副詞不変化詞は代名詞のあとに置かれるのが自然**なわけです。一方、前置詞つき動詞においては、前置詞はそもそも動詞が目的語を取れるようにするために存在しているのですから、通常の SVO の文型では、目的語は前置詞のあとにくるのが自然なわけです。したがって、**jump off the boat/it** が正しい語順になります。

前置詞は文意を大きく変えないことが多い

一般に、自動詞が目的語を取るために前置詞と結びついて使われる場合、その自動詞の根本的な意味は変わりません。例えば、

He succeeded **in** extinguishing the fire before it did too much damage.

彼は被害が大きくなりすぎないうちに火を消し止めることができた。

という文では、succeed (= manage to do something) の意味に変化はありません。また、言いたいことによっていくつかの異なる前置詞が可能な場合でも、動詞の根本的な意味は影響を受けないのがふつうです。

- look **after** someone's children（誰かの子供たちを世話する）
- look **around** an area（あたりを見回す）
- look **at** a painting（絵を見る）
- look **for** a hotel（ホテルをさがす）
- look **into** a proposal（提案を検討する）
- look **on** someone as a nuisance（ある人を厄介ものとみなす）

いずれも、視線を合わせたり判断を下したりするために、目あるいは注意を何かに向けています。さらに、believe in のように、基本的には他動詞である動詞(この believe を自動詞と分類している英和辞典があるにしても)に前置詞がつく場合でも、その動詞の根本的な意味を変えるのではなく、その意味に何かを付け加えているのがふつうです(もちろん、take after や send for のような例外もあります)。believe に in を加えることは、実質的には that 節を加えるのと変わりません。I believe in God. と言えば、I believe that God exists. (私は神の存在を信じる)という意味ですし、I don't believe in makeup. と言えば、I don't believe that (wearing) makeup is good/right. (私は化粧することがよいことだとは思わない)という意味です。

句動詞はイディオムであることが多い

以上の点は、実は一部の句動詞にも当てはまり、その場合、動詞と

副詞の個々の意味を知っていれば、句動詞としていっしょに使われたときの意味も理解できることになります。

- It'll get wet if you leave it in the garden; **bring** it **in**.
  庭に放っておくと濡れてしまいます。取り込んでください。
- We'd better **turn around** and **go home**.
  家へ引き返したほうがいい。

しかし、**句動詞は慣用的（idiomatic）であることのほうが多く**、その場合には、動詞と副詞の個々の意味を知っていても、句動詞としての意味の理解には役に立ちません。

- Our plane **took off** two hours late.
  私たちの乗った飛行機は定刻より2時間遅れて離陸した。
- My parents have offered to **put** us **up** while we're in London.
  私たちがロンドンにいるあいだ、泊まっていったらどうかと両親は言っている。

句動詞は慣用的であることが多いため、**くだけた感じ（informal）になることもまた多い**と言えます。1語の動詞の代わりに句動詞が使える場合は特にそうです。上の例文のうち、句動詞に代わりうる1語の動詞が存在するのは最後の文だけですが（put us up = accommodate us）、次の例を見ていただければこの点がさらにはっきりすると思います。

- I was **held up** (delayed または robbed) in Paris.
  私はパリで遅れるはめになった(または、金品を脅し取られた)。
- When are you going to **give up** (quit/stop) smoking?
  いつタバコをやめるつもりなの？

- **Do** your laces **up** (tie/fasten).
  ひもを結びなさい。
- I've **taken on** (accepted) far too much work.
  私は膨大な量の仕事を抱えている。
- I'll **call** you **up** (telephone) tomorrow.
  明日電話します。

最後の例文は句動詞のイディオム的性質をよく表しています。(「離陸する」という意味での take off がおそらく飛行機の発明時に造られたのと同様)この意味での call up は、明らかに、電話の発明とともに登場した比較的最近の表現です。かつて call someone (誰かを(大声で)呼ぶ)という行為が call someone up (誰かに電話する)という行為よりもはるかに一般的であった時代には、両者を区別するために副詞の up を使うことが重要でした。しかし、電話が私たちの生活に広く浸透し、むしろ「電話する」ほうがずっとありふれた行為になっている現在では、わざわざup をつけなくてもよい、というより、up をつけることはあまり一般的ではなくなってきています。もしあなたが誰かに I'll call you tomorrow. と言えば、相手は、あなたが電話をかけると約束しているのであって、通りの反対側や家の外から大声で呼びかけると言っているのではないことを、確実に理解してくれるでしょう。

正確なコミュニケーションを図るために

英語学習に多大な時間と労力をかけているであろう読者のみなさんにとって、本項で説明したことの多くが必ずしも実践的であるとは言えないかもしれません。しかし少なくとも、句動詞をそれに代わる 1 語の動詞とともに一覧表にまとめてみることは、大変意味があると思います。句動詞と前置詞つき動詞は、特に口語英語においては非常に

よく使われるため、効果的なコミュニケーションを行うためにはそうした表現をたくさん知っていなければならないからです。さらに、自分独自のリストを作成することは、他人の作ったリストに目を通すよりも言葉が頭に定着しやすいという点も強調しておきましょう。

また、句動詞と前置詞つき動詞をたやすく区別できるようになると、実用面で非常に役に立つことが少なくとも1つあります。それは、次のようなよくある間違いをせずにすむということです。

A: What did he say?
B: I don't know. (×) I wasn't listening to.
　（正しくは、I wasn't listening. か I wasn't listening to him.）
A: 彼、なんて言った？
B: わからない。聞いてなかった。

もうずいぶんと昔の話ですが、私は1人の学生に、[○]と[×]のついた英文のリストを見せられたことがあります。彼は困り果てたという表情を浮かべて「なぜなのでしょう？」と聞いてきました。そのときの英文を正確に思い出すことはできませんが、似たようなリストを作ることは簡単です。以下にそのリストを挙げますので、みなさんも試しに、正しいと思う文には○、そうでないと思う文には×を入れてみてください。

1. He never listens to. 　　　　　　　　　　　　[　]
2. What are you listening to? 　　　　　　　　　[　]
3. What time did you arrive in? 　　　　　　　　[　]
4. What time are you going to get up? 　　　　　[　]
5. What are they looking at? 　　　　　　　　　[　]
6. I don't know how the accident happened, because
   I wasn't looking at. 　　　　　　　　　　　　[　]

6. 副詞の用法(その1)   93

7. He has been trying to find a job for ages, and he has finally succeeded in. [　]
8. You'll get into trouble if you don't watch out. [　]
9. This is too much for me to deal with. [　]
10. Do you think you'll be able to find out? [　]
11. It's about time we set off. [　]
12. I'm not sure where to go for the summer vacation. I'm still thinking about. [　]
13. I suppose it's something we have to think about. [　]
14. Getting to the top of Mt. Everest is only half the problem. You also have to climb down! [　]
15. I told her about my plan, and she didn't seem to object to. [　]

[解答・解説]
1. [×] to は前置詞ですが、この文にはその目的語がありません。前置詞つき動詞は必ず目的語を取らなければならないことを忘れないでください。この文は、目的語を加えるか (He never listens to me/anybody, etc.)、to を削除すれば正しくなります。
2. [○] What が前置詞 to の目的語の働きをしています。
3. [×] 前置詞 in の目的語がありません。目的語を加えるか (What time did you arrive in Hakata?)、in を削除すれば正しい文になります。
4. [○] up は副詞不変化詞です。これがないと意味をなしません。
5. [○] What が前置詞 at の目的語の働きをしています。
6. [×] 前置詞 at の目的語がありません。この場合は at を削除します。it を加えると、文法的には正しくても不自然な文になります。事故などを目的語とする場合、ふつうは see an accident (happen) という言い方をするからです。I wasn't looking で

「目がその方向を向いていなかった」という意味になります。

7. [×] 6と同様、in を削除します。この場合も、it を加えることはあまり望ましくありません。なぜなら、it の指すものが十分に明確ではないからです。もちろん、it は finding a job であると主張することはできますが、誤ってそれ以外の選択肢を考えてしまうおそれがあります（(×) trying to . . . /(×) a job)。

8. [○] 4と同様です。out がなくても意味をなしますが、文意は変わってしまいます。

9. [○] This が前置詞 with の目的語です。

10. [○] 4と同様です。

11. [○] 4と同様です。

12. [×] about を削除できないわけではありませんが、目的語（it）を追加するほうが自然です。

13. [○] something が前置詞 about の目的語です。

14. [○] 4と同様です。目的語を加えると down は前置詞になることに注意してください。

15. [×] 前置詞 to の目的語がありません。目的語の it を追加するか to を削除すれば正しい文になります。

[訳] 1. 彼はけっして人の話を聞こうとしない。 2. 何を聞いているの？ 3. 何時に着きましたか？ 4. 何時に起きるつもりですか？ 5. 何を見ているの？ 6. 事故の経緯については知らない。見ていなかったので。 7. 彼は長いあいだ職探しをしていたが、ようやく仕事が見つかった。 8. 用心しないと面倒なことになるよ。 9. これは私の手に余る。 10. 見つけ出せると思いますか？ 11. そろそろ出発の時間です。 12. 夏休みにどこへ行くかはっきりしていない。まだ考えているところです。 13. まあ考えなければいけないことだとは思いますが。 14. エベレスト登頂は問題の半分でしかない。山を降りるという問題もあるのだよ。 15. 彼女に私のプランを話しましたが、別に反対しているようには見えませんでした。

註）副詞不変化詞は、動詞を修飾するという点では副詞と同じですが、次の

ような違いがあります。
- まず、一見したところ副詞のようには見えない——副詞不変化詞は短く、-ly のような終わり方をせず(語形変化せず)、前置詞と混同しやすい。例えば、by, down, in, off, on, under, up などはすべて、副詞不変化詞としてもよく使われています。
- 副詞不変化詞は、多くの動詞と結びついて、本文に挙げたような決まったかたちの句動詞を作る。句動詞が他動詞の場合は、副詞不変化詞を目的語の直前に置くことができる(例: He put **off the light**.（彼は明かりを消した))。通常の副詞とは、ほとんどの場合、この点で区別されます。
- 副詞不変化詞は、look **forward** to や put **up** with のような、句前置詞動詞 (phrasal-prepositional verb = 動詞 + 副詞不変化詞 + 前置詞)の構成要素になる。
- 副詞不変化詞はまた、be 動詞のあとにきて、前置詞と結びつく(例: He is **up in** his room.（彼は今自分の部屋にいる))。
- さらに、be 動詞のあとにきて、形容詞のような補語の働きをする(例: Is she **back** yet?（彼女はもう戻りましたか?)/The lights were all **on**.（明かりは全部点いていた))。

7. 副詞の用法(その2)

~in, later, after を使い分ける~

日本人にとって特に問題となりそうな副詞を挙げるとすれば、おおよそ次のように分類できると思います。

- 時 (later, after, ago, before (ただし、after と before は前置詞または接続詞として使われるのがふつう), soon, immediately, just, recently, these days*)
- 程度 (fairly, quite, rather, pretty, a little/bit, slightly, hardly, almost, too, enough, so, much)
- 可能性 (probably, maybe, perhaps, possibly, likely** (ただし、likely は形容詞として使われるのがふつう))
- 頻度 (hardly, ever)
- 明晰さ (apparently)

* recently, these days については『日本人の英文法』(p. 54) で取り上げましたので、本書では扱いません。
** この5つの副詞に関しては、形容詞 likely の項目(本書 p. 61)で説明したとおりです。

そのほか、however, therefore, nevertheless, then のような連結副詞を使って文を書く場合にもよく問題が起こります。これらの副詞は接続詞のように感じられるため、2つの文をコンマでつないでしまうという誤用をしばしば目にします。

(×) There's no train service to this village, however there is a bus service.

この村には電車は走っていませんが、バスならあります。
(この文を訂正する方法は2つあります:
① however の代わりに接続詞 but を使う。
② village の次のコンマをセミコロンかピリオドに換える。つまり、もともと2つのセンテンスからなる文なので、2つの文として扱う)

ネイティブスピーカーも副詞を接続詞として使ってしまうことはよくあります。接続詞を使わずにコンマだけで2つの文をつないでしまう誤りなども同様です。しかし、だからと言ってみなさんがそれを真似してよいということにはなりません。

ただ、少なくともコミュニケーションの観点からすれば、この種の誤りはそれほど深刻な問題ではないでしょう。

それでは、上に挙げた副詞について個別に検討していきましょう。まずはじめは、副詞 later に関連する「時」の話です。

in

時を表す「...後」という表現を英語にすることが、日本人には意外と難しいようです。私はあるテキストに出てくる次の日本文を、3つのクラスの学生に英訳させたことがあります。

そのことを日記に書いたのですが、その日記を100年後の人に読まれたとしたら、20世紀の人はずいぶん迷信深かったのだなと思われることでしょう。

「そのこと」とは結婚式や葬式に、ある特定の日を選ぶ習慣のことを言っているらしいのですが、その答えを黒板に書いた計10人程度の学生のうち、「100年後の人に読まれたとしたら」の部分を前置詞 in

を使って正しく訳せた人は1人だけでした。ほかの学生はみな later を使って間違った文を書いてしまったのです。

「...後」は、場合によっては副詞の later を使って訳すことも可能ですが、前置詞の in または after、あるいは接続詞の after (時として副詞にもなります)を使って訳すこともできるのです。他の可能性としては from now や hence なども考えられます。ただし、hence は非常に古めかしい感じのする語でめったに使われることはありません。

以上の選択肢のうちどれが適当かは状況によって異なりますが、別にややこしい話をするつもりはありません。実は、ここで承知しておくべきことのほとんどは、次のたった2つの例文によって示すことができるのです。

(1) I'm going to Rome **in** two months. A month **later** I'm going to Paris and, **after** staying in Paris for a week, I'm flying to London.
2ヵ月後にローマへ行く予定です。その1ヵ月後にパリへ行き、パリに1週間滞在してから飛行機でロンドンへ行きます。
(動詞がなぜどれも現在進行形になっているのかわからない人は、『日本人の英文法』1, 2章をご覧ください)

(2) I went to Rome two months ago. A month **later** I went to Paris, and a week **after that** I flew to London.
私は2ヵ月前にローマへ行きました。その1ヵ月後にパリへ行き、さらにその1週間後に飛行機でロンドンへ行きました。

実を言うと、in は選択肢の「1つ」であるというより、むしろ「唯一の」選択肢である場合が多いと言えます。例文 (1) の **in** two months は two months **from now** (今から2ヵ月後)の意味であり、これを two months later とするのは誤りです (I'm going to

Rome [in] two months **from now**. も正しいことになりますが、実際にこのような言い方をするのは、何らかの理由でいつからいつまでという期間をはっきりさせたい場合だけでしょう)。

　日本人が in を使いこなせない大きな理由は in のさまざまな使い方にあると思うのですが、多くの紙数を必要とするためそのすべてをここで検討することはできません。しかし、「時」に関して言えば、in の用法には次の4つの可能性しかないのです。

(a) 上に示した用法。つまり、**現在を起点として未来におけるある「時点」を指す**。
(b) 月や年などを明示する。

I went there **in** June/**in** 1995/**in** the summer vacation.
6月に・1995年に・夏休みにそこへ行った。

(c) 何かを行うのに要する期間を示す。

I visited six countries **in** seven days.
7日間で6ヵ国を訪れました。

(d) 否定的な状況がどのくらい続いているかを示す。

I haven't seen him **in**/for three years.
彼とは3年会っていない。

あるいは、一定の「期間」にあることが何回起こったかを示す。

I've met him several times **in**/over the last/past couple of weeks.

彼にはこの2週間のうちに数回会った。

(a)と(b)の混同はありえないと思います。(d)の文も、完了時制になる場合が最も多いという点で、(a)とは区別されます。仮に(d)の文が、I'm going to meet him several times **in**/over the next [the coming] two weeks.(この2週間のうちに数回彼と会う予定です)のように完了以外の時制だったとしても、(a)との混同は起こりそうにありません。なぜなら、この文の「時」は明らかに、特定の「時点」ではなく「期間」を表わしているからです。この文の the next という句は、話し手が「期間」に言及していることを明確にする働きをしています。ですからもしもこの句を除いて、I'm going to meet him several times in two weeks. と言えば、聞き手はあるいは今から2週間後に、話し手が突然、まるでびっくり箱の人形か何かのように、非常に短い時間内に何度もひょっこり現れるところを想像して忍び笑いをもらすかもしれません。さらに、期間だけでなく「回数」(several times)が示されている点でも、(a)の可能性はきわめて低くなります。

ところが、(a)と(c)の区別となると必ずしも容易ではありません。(c)の例文のように、あるいはさらに例を挙げれば、

The building was put up **in** two weeks.
その建物は2週間で建てられた。

の文のように、**過去のことを述べている場合**には、(a)の意味になりえないことは容易に判断できます。

しかし、逆に未来に言及している文の場合には、常識を働かせなければなりません。

例えば、He/she will finish the work **in** a week. という文は、仕事を仕上げるのに要する「期間」が1週間であるという意味なのか、

それとも仕事が完了する「時点」が今から1週間後であるという意味なのかいずれにも解釈できますが、しかし、この場合その意味するところは結局は同じものです。

ところが、He/she will start the work **in** a week と言われて、start が1週間という「期間」を要する「過程」であると考える人はいませんね。この文のように、**動詞が特定の「一時点」でしか起こりえない行為を示す場合**(start, arrive, leave, meet, etc.)には、in は間違いなく(a)の意味になります。

これに対して、**「過程」を述べる動詞の場合**(go, read, travel, eat, etc.)には、その意味はふつう文脈から明らかになります。正常な思考の持ち主であれば誰も、休暇について話している人の I'm going to Rome **in** two months. という発言を聞いて、ローマへ行くのに2ヵ月もかかるなどと考えたりはしません(本当にそれほど長い時間がかかるのであれば、It's going to take me two months to get to Rome. のように、別の言い方をすると思います)。また、I'm going to six countries **in** seven days. という文を聞いて、話し手が今から7日後に6つの国に向かって出発する予定だと解釈する人もいないでしょう。しかしそれでは、

I'll read this **in** a couple of days.

という文はどうでしょう。これは、① It will take me a couple of days to read this. (これを読むのに2, 3日かかります)という意味でしょうか、それとも、② I'll start reading this in a couple of days. (2, 3日後にこれを読み始めます)という意味でしょうか。

このような文の場合、その意味は this が何を指すかによってある程度まで決まってきます。this が1枚の書類で(あるいは10枚の書類でも)、読むのに2日もかからないことがはっきりしていれば、その意味は、I will read the whole thing a couple of days from now.

(その書類を今から 2, 3 日後に(まとめて)読む)です。逆にこうした情報が与えられていない場合は、文の意味は曖昧になりますので、そのときには上の ① ② か、あるいは次の ③ ④ のように、別の言い方をして意味を明確にすべきでしょう。

③ I'll be able to finish reading this in a couple of days.
2, 3 日で読み終えられるでしょう。
④ I won't be able to look at this for a couple of days.
2, 3 日のあいだはこれを見ることができません。

later

① 「そのときよりあと」を表す用法
p. 98 の 2 つの例文をもう一度示します。

(1) I'm going to Rome **in** two months. A month **later** I'm going to Paris and, **after** staying in Paris for a week, I'm flying to London.
(2) I went to Rome two months ago. A month **later** I went to Paris, and a week **after that** I flew to London.

a month **later** は、**未来のある時点、または過去のある時点**から 1 ヵ月後という意味ですから、上のどちらの使い方も適切です。いずれもローマに到着してから 1 ヵ月後という意味で、例文 (1) では未来の時点を、例文 (2) では過去の時点をそれぞれ起点としています。later を after that (そのときよりあと)の意味だと考えておくといいでしょう (in の持つ after now (今よりあと)という意味とは対照的に)。

② 「今よりあと」を表す用法

later は、実は**現在から見た未来のある時点を表すこともできる**のですが、それは**時間枠が明示されていない場合**に限られます。したがって、

- I'll see you **later**.
  また、あとでね。
- I'll call you **later**.
  あとで電話するよ。

などは何の問題もありませんが、

(×) I'll see you two hours later.
(×) I'll call you a couple of days later.

のような言い方はできません。学生のほとんどはこちらを使ってしまっているのが実情です。いずれも in を使うべきところです。

- I'll see you **in** two hours.
  2時間後に会いましょう。
- I'll call you **in** a couple of days.
  2, 3日後に電話するよ。

さらに、時間枠を明示しない later を使うと、（相手がネイティブスピーカーであれば）多くの場合 later **today** の意味に解釈されます。これは上に示した2つの例文（I'll see you **later**./I'll call you **later**.）のどちらにも当てはまります。したがって、あなたと聞き手が例えば1週間後まで会わないのをお互いに知っているような場合に、I'll see you later. と言うのはちょっと奇妙です。その場合は、

I'll see you next week/next Tuesday. のように言うほうが自然です。ただし、文の意味は状況にもよりますから、例えば、会社で手間のかかる計画に取り組んでいるようなときに、上司に We'll have to deal with some of the details **later**.（細かい点はあとで片づけよう）と言われたら、それは later today ではないと考えてまず間違いありません。

③ 進行中の時とともに使われる later

later はまた、**目下進行中の時**とともに使うこともできます。

（〇）I'll do it **later this week**.
（×）I'll do it later next week.

同様に、later today は〇、later tomorrow は×です。later this afternoon は、発話の時点が午後であれば使えますが、午前中に使うことはできません。later this evening についても同じことが言えます。

after

① 副詞の after

まず注意しなければならないのは、「時の起点」が現在である場合、**after を単独で用いて未来の時を表わすことはできない**という点です。

（〇）I'll see you **later**.
（×）I'll see you after.

I'll see you a week after. などももちろん誤りです。実際には、「時の起点」が**未来または過去**の場合であっても、**after を副詞とし**

て用いるのは、間違いではないにしても稀です。p. 98 の例文 (1) (2) の later に換えて after を使うことは、したがってあまり得策ではないと考えられます。

　...A month after, I'm going/went to Paris...
　(言えないことはありませんが、言わないほうがいいでしょう。ネイティブスピーカーならたぶんそのような使い方はしない、という理由で)

「言えないことはない」と書きましたが、after の前に a month がなければ「言えない」ことになります。

(×) She's going to visit her mother, and after, she's going to...
(×) I had breakfast, and after, I went to work.

　これは after を **afterward(s)** か **after that** にすれば正しい文になります(もちろん、later を使ってもかまいません)。A month after, I'm going/went to Paris... も、A month **afterward(s)/after that**,... としたほうがずっとよくなります。
　ただし、**副詞の after が他の副詞といっしょに使われることはあります**。

- John arrived at 7, and his wife arrived **shortly after**.
　ジョンは 7 時に到着し、妻はその少しあとに着いた。
- ...and they all lived happily **ever after**.
　...そしてみんないつまでも幸せに暮らしましたとさ。

② 前置詞または接続詞の after
after は p. 98 の例文 (1) (2) のように**前置詞として機能するか**、

あるいは**接続詞として機能することが最も多い**のですが、それは言い換えれば、**あとに通例目的語** (after **that**/after **staying in Paris**/after **lunch**, etc.) **または節を従える**ということです。

- John married Jane **after he left the army**.
  除隊後、ジョンはジェーンと結婚した。
- **After I got angry with him**, he never spoke to me again.
  私が腹を立ててからというもの彼は二度と口をきいてくれなかった。
- I'll explain everything to you **after you get back from California**.
  カリフォルニアからお帰りになってから何もかもご説明しましょう。

afterを前置詞または接続詞として使う場合、**「時の起点」は過去または未来**になります。

- I met him **after** lunch yesterday.
  きのう昼食のあとで彼に会った。
- I'm meeting him **after** lunch today.
  今日昼食のあとで彼に会う予定だ。
- I gave him the report **after** he saw you.
  彼が君に会ったあとで、僕はそのことを彼に報告した。
- I'll give him the report **after** he sees you.
  彼が君に会ったあとで、僕はそのことを彼に報告するよ。

ただし、次の2点に注意してください。

① two months, three weeks, a couple of days などを after の目的語にすることは大いに疑問です。例えば、

I'll see you **after the vacation**.
休暇のあとで会いましょう。

は何の問題もありませんが、

(△または×) I'll see you <u>after two months</u>.

は奇妙です。これはふつう、I'll see you **in** two months. のように言い表すからですが、理由はそれだけではありません。次の例を見てください。

(1) (○) Welcome to this university. I am sure that **after a couple of weeks** you will feel completely at home.
本大学へようこそ。数週間もすればすっかり慣れると思います。

(2) (○) We spent the whole of last summer in England, but **after two months** we were happy to come home!
去年の夏はずっとイングランドで過ごしましたが、2ヵ月もするともう帰国してもいいやという気持ちになりました。

(3) (△) We first met in June, and I met him again <u>after two months</u>.
私たちが最初に会ったのは6月で、その2ヵ月後に私はまた彼に会いました。

例文 (1) (2) はそのままで結構ですが、例文 (3) は次のように、later か after that または afterward(s) で言い換えたほうがずっとよくなります。

We first met in June, and I met him again **two months later/after that/afterward**(**s**).

では、上の○と△の違いはどこからきているのでしょうか。それは (1) (2) が「**経験**」**を述べている**のに対し、(3) は**たんに一連の出来事を述べているにすぎない**という点です。(1) (2) は、それぞれ次のような言葉が省略されているとも考えられます。

(1)　after a couple of weeks **of life here**
(2)　after two months **of rain**/after two months **of terrible food**, etc.

実際、この after two months (etc.) **of . . .** は、経験(よくても悪くても)について話すときによく使われるかたちです。

例文 (1) は、after の代わりに in を用いてもまったく問題ありませんが (I am sure that in a couple of weeks . . .)、after を使う場合には、たんに時の経過を示すというより、「経験」を強調していると言えます。

一方、例文 (2) で after two months を two months later に換えることは**できません**。なぜなら、**later が使えるのは「時の起点」が明確に定められている場合だけ**だからです。しかしこの文はそうではありません (last summer を (3) の in June と比較してください)。

② 　日本の学生は、「after, when, if, before, until などの接続詞に導かれる節の中では未来形ではなく現在形を使う」と決まって教えられます。

• I'll give him the report after he **sees** you.
　((×) . . . will see you.)

- Give me a call when you **arrive**. ((×) ... will arrive.)
着いたら電話をください。

この説明自体は間違っていませんが、しかし、現在形しか使えないという誤った印象を与えがちです。p. 106 の例文（John married Jane **after he left the army**. ほか）のように、主節が過去形の場合は過去時制が正しいことは言うまでもありませんが、従属節にはさらに、**完了時制を用いることもできます**（したがって、... after he **had left** the army も可能）。未来のことを述べた文の中で、これらの接続詞のあとに現在完了形が使われているケースも少なくありません。

- I'll give him the report after he**'s seen** you.
彼が君に会ったあとで、僕はそのことを彼に報告するよ。
- When you**'ve finished** that, I'll give you some more work to do.
それが終わったら、もう少し仕事をあげる。

このような言い方は現在形を使ったものよりいくらか堅い感じがするものの、根本的な違いは感じられません。同じように、after -ing を after having p.p. で言い換えることも可能です。

I got sick soon after arriving/having arrived in the States.
合衆国に到着してすぐに具合が悪くなった。

ただし、未来について述べた文の中で after having p.p. を使うと、おかしな（というより非常に堅苦しい）響きになると思います。さらにこの例のように過去のことを述べた文の中でも、**after having p.p.** は使わないのがふつうでしょう。

8. 副詞の用法(その3)

~ago, before, earlier を使い分ける~

　ここでは、前項で扱った3つの語 (in, later, after) の「過去」形について検討していきます。基本的には、**ago** は in の、**earlier** は later の、**before** は after の、それぞれ反対の意味を表す言葉です。later の反意語としてしばしば before が使われることもあります。この3つの副詞に関して日本人が最も間違えやすい部分は、すでに説明した in, later, after の場合と同じです。つまり、**「時の起点」がいつなのか**を考えずに、これらの副詞を使おうとするところに原因があるわけです ((×) I called your office two hours before.)。

　前回と同様、ここでの要点もおおよそ次の例文に集約することができます。

(1)　I'm going to Rome in two months. A month **before that**, I'm going to Paris.
　　2ヵ月後にローマへ行く予定です。その1ヵ月前にパリへ行きます。

(2)　I was in Rome two months **ago**. A month **before** I went there, I was in Paris.
　　今から2ヵ月前はローマにいました。そこへ行く1ヵ月前はパリにいました。

(3)　I was in Rome two months **ago**. A month **earlier**, I was in Paris.
　　今から2ヵ月前はローマにいました。さらにその1ヵ月前はパリにいました。

まず、上の例文について2点ほど補足しておきます。

① 例文 (1) において、before that の代わりに earlier を使うことは理屈のうえでは可能でしょうが、未来のことを述べたこのような文に earlier を用いた例はあまり見かけないように思います。

② 例文 (1) で、before のあとの that を省略すること、さらに例文 (3) で、earlier の代わりに before を使うことはいずれもかろうじて可能ですが、その場合次のような語順にしなければ、少なくとも会話では少々紛らわしい印象を与えてしまいます。

I'm going to/was in Paris a month **before** (that).

なぜなら、(1) の before that および (3) の earlier と同じ位置に単独の before を置くと、before は I'm going to/was in Paris という節を結びつける接続詞であるかのような印象を第一に与えてしまうからです。そうすると、例文 (1) は、話し手が副詞節中に必要な現在形を使わず、さらに文を最後まで言い終えていないという誤りを犯しているように、例文 (3) はたんに文が完結していないように、それぞれ誤解されてしまうおそれがあります。

ここではどの位置に置くにせよ、もっぱら意味を明確にするために、単独の before よりも before that を使うほうが好ましいと言えます（この点については、あとでもう一度触れます）。

ago

冒頭で ago を in の反意語と書きましたが、もちろん品詞は異なります (ago は副詞、ここでの in は前置詞)。したがって、文中でのそれぞれの位置も異なります。

- I'm going there **in** a week.

1週間後にそこへ行きます。
- I went there a week **ago**.
  1週間前にそこへ行きました。
  ((×) I went there ago a week.
  (×) I went there before a week/a week before/a week earlier.
  ただし、a week before と a week earlier は「時の起点」が過去であれば使うことも可能です)

in と同じように、**ago** の「時の起点」は現在です。したがって、

(×) I met him in Paris last Wednesday, and he said he'd arrived there a week ago.
先週の水曜日にパリで彼と会いました。彼は1週間前に着いたと言っていました。

という文は誤りで、ago は before, earlier, before that のいずれかと換えなければなりません(もっとも、ネイティブスピーカーがよくこのような間違った使い方をしていることも事実でしょう)。
また、ago は**過去の完全に過ぎ去った時間を表している**ため、**通常、現在完了形と(もちろん、過去完了形とも)いっしょに使うことはできません。**

(×) I have tried some sashimi a couple of days ago.

という文が誤りなのは、I have tried some sashimi on Tuesday が誤りなのと同じ理由からです。どちらの場合も過去形を使わなければなりません(完了形と過去形の違いについては、『日本人の英文法』9, 12章をご覧ください)。
ただし例外もあって、次のような **since を含んだ文**では完了形が

使われています。

I have been here since two days ago.
2日前からここにいます。

しかし、この使い方をぎこちないと感じる人も多いので(けっして珍しい使い方ではありませんが)、

I've been here for two days.

として同じ意味を表すほうが好ましいと言えるでしょう。

before

① 副詞の before

ago とは対照的に、**完了形とともに非常によく使われているのが before** です。before が副詞の場合はほとんど常に完了形の文に現れます。また、冒頭でも述べたように、before は after だけでなく、later の反意語として使用することも可能です。

- Poor Nick — he had a traffic accident last Friday, and he lost his job two days **later**.
  ニックったらかわいそうに。先週の金曜日に交通事故にあったと思ったら、その2日後に失業しちゃったんだ。
- Poor Nick — he had a traffic accident last Friday, and he had lost his job just two days **before/earlier**.
  ニックったらかわいそうに。先週の金曜日に交通事故にあったんだけど、その2日前に失業したばかりだったんだ。

p. 110 の例文 (1) と (3) についての説明の中で、単独の before よりも before that とするほうが好ましいことを述べました。それゆえ、Poor Nick についての 2 番目の例文でも before を before that とするほうがよいのではないか、と考える人がいるかもしれません。説明しやすいように、2 つの例文を並べてみましょう。

(a) I was in Rome two months **ago**. I was in Paris a month **before that**.
(b) He had a traffic accident last Friday, and he had lost his job just two days **before**.

 (b) では before that を使うことも可能ですが特にその必要がないのに対して、(a) では that は削除すべきではありません。すべては明瞭さの問題です。(a) の that を削除すると、Before what? (何の前?) と聞きたくなる人が出てくるかもしれません (実際には出てきそうにありませんが、そう問うことも可能だということです。より複雑な文になれば、明瞭さが損なわれる危険性はさらに大きくなります)。これに対して (b) では、**過去完了形の存在によって**、and に続く節の出来事 (失業した) が何の前に生じたのかが明確になっています。副詞の before を含む文の多くが完了形であるのはそのためです。

 それでは、(a) の I was in Paris ... の was を had been に換えて that を削るというのはどうでしょう。それならば何の問題もありません。

 before が副詞ではなく、**接続詞** (I started learning the piano **before my sister did**. (私は妹よりも早くピアノを習い始めた)) あるいは**前置詞** (I had a shower **before breakfast**. (朝食の前にシャワーを浴びた)) の場合には、before に続く節または目的語によって、何の前に何が起こったのかが明白であるため、ふつうは過去完了形を使う必要はありません。

しかし、before を**副詞**として使うときには、**「どれくらい前か」**あるいは**「何の前か」**を明示することが重要です。副詞の before はその点で later (そして earlier) とは区別されます。もっとも、before が after の反意語であることを考えれば、そのような違いが現れてくるのも当然でしょう。

(○) I watched TV for a couple of hours this morning, and **later** I went for a walk.
私は今朝 2, 3 時間テレビを見て、そのあと散歩に行きました。
(×) I watched TV for a couple of hours this morning; before, I went/had been for a walk.
私は今朝 2, 3 時間テレビを見ましたが、その前に散歩をしました。

2つ目の例では、副詞の before ではなく、before that, beforehand, earlier などが適しています(その場合、特に過去完了形を使う必要はありません)。

さらに、(×) later two days 同様、before two days のような順序も、次のような文を除いては常に誤りですので注意してください。

Everyone seemed to be completely fed up **before two days passed**.
2日と経たないうちにみんなすっかり嫌になってしまったようだった。
(この two days は、**接続詞**の before に導かれる節の主語になっています)

② **副詞の before が単独で使われる場合**
副詞の **before** が単独で使われることがまったくないわけではあり

ません。次のようなパターンではむしろ非常によく使われています。

(1) I've never been here **before**.
    私は以前ここへ一度も来たことがない。
(2) Have you eaten *mozuku* **before**?
    これまでにモズクを食べたことはありますか。
(3) I had never played tennis **before**.
    そのときまでテニスをしたことがなかった。

ニュアンスは異なりますが、これらの例はそれぞれ次のような言い方に換わるものです。

(1′) This is the first time I have (ever) been here.
    ここへ来るのはこれが初めてです。
    ((×) This is my first time to . . .)
(2′) Is this the first time you have eaten *mozuku*?
    モズクを食べるのはこれが初めてですか。
(3′) That was the first time I had (ever) played tennis.
    テニスをしたのはそのときが初めてでした。

したがって、発言の時点で実際に「ここ」にいない限り、例文 (1) のように言うことはできません。例文 (2) も、「あなた」がその瞬間にこの珍味を味わっていない限り、話し手はこのように尋ねることはできません。例文 (3) はこの「経験」用法を過去の時点へ移した例です。また、before はこのパターンの肯定文にも使用することができ、

I have been here **before**.
私は以前ここへ来たことがある。

は、This is **not** the first time . . . の意味になります。

This is **not** the first time I've been here.
ここへ来たのはこれが初めてではない。

③ 前置詞の before
前置詞としての before の働きは after の働きと対応しています。

- I can't see you **before** 2 o'clock tomorrow.
  明日の2時まではお会いできません。
- He stayed with me **before** leaving Japan.
  日本を発つ前に彼は私のところに泊まった。
- I had two classes **before** lunch yesterday.
  きのうは昼食の前に2つの授業があった。

ただし、two days, three weeks などを before の目的語にするのは誤り(少なくとも非常に珍しい——その気になれば例外の1つや2つは見つけ出せるでしょうから)でしょう。

④ 接続詞の before
接続詞としての before の働きも after と対応しています。

- John got married **before** he graduated from university.
  ジョンは大学を卒業しないうちに結婚した。
- I never imagined it was such a problem **before** I read your letter.
  あなたの手紙を読むまではそれがそんなに厄介な問題だとは想像していませんでした。
- I'd appreciate it if you could finish the report **before** you

leave for Brussels.
ブリュッセルへ発つ前にこのレポートを完成してもらえるとありがたいのですが。

earlier

earlier は later 同様、「時の起点」が現在の場合には、単独であれば使用することができます。

- I saw him **earlier**.
  以前に彼に会った。
- I tried to call you **earlier**, but you weren't in.
  前に電話したけど、君はいなかった。

later 同様、「時の起点」が現在の場合に時間枠を付すと間違いになってしまいます。

(×) I saw him two hours earlier.
(○) I saw him two hours ago.
　　（今から）2 時間前に彼に会った。

この種の文では earlier の代わりに before を使うことはできませんが、ネイティブスピーカーが一見そのような言い方をしていると思える場面に出くわすことがあります。

A: You said you were going to see him after lunch.
B: I saw him **before**.
A: お昼のあとで彼に会うと言ったでしょう。
B: その前に会ったんだよ。

しかしこれは、<u>前置詞</u> before のあとの言葉(ここでは lunch) が省略されているにすぎません。このような省略が可能なのは、省略しても意味がはっきりしている場合に限られます (after についても同じことが言えます)。

さらに later 同様、earlier は**目下進行中の時**とともに使用することも可能です。

I finished the book **earlier this week**.
その本を今週はじめに読み終えました。
(×) I finished the book <u>earlier last week</u>.

until と by

副詞ではありませんが、ついでに until と by の違いにも目を通しておきましょう。両者の違いはある程度までは日本語でも表現できるのではないでしょうか。すなわち、until は「まで」、by は「までに」。しかし、日本人にとって、英語の until と by を正しく使い分けることは必ずしも簡単ではないようです。そして訳語の選択を誤ると、たいていは理解不能な文ができあがります。

(×) I'll finish this <u>until</u> 5 o'clock.
　　→ I'll finish this **by** 5 o'clock.
　　5 時までにはこれをすませます。
(×) Can you stay here <u>by</u> 5 o'clock?
　　→ Can you stay here **until** 5 o'clock?
　　5 時までここにいられますか。

あるいは、文意が完全に変わってしまいます。

- I was at the office **until** 9 o'clock.
  (I left the office at 9 o'clock. (9時に会社を出た)という意味)
- I was at the office **by** 9 o'clock.
  (I arrived at the office no later than 9 o'clock. (9時までには会社に到着していた)という意味)

むしろこのように自分の意図とはまったく違う意味の文を作ってしまうことのほうが、支離滅裂な文を作ってしまうことよりも危険です。それを避けるためにお勧めするのは、**by の意味を「at/on/in or before + 特定の時間」と考える**ことです。

> **at** or **before** 5 o'clock
> **on** or **before** Tuesday
> **in** or **before** June

すなわち、文中の動詞の示す事柄が特定の時間かそれ以前に、必ず生じるわけです。したがって、

> I'll finish this **by 5 o'clock**.

であれば、話し手が **at** 5 o'clock か **before** 5 o'clock に「これ」をすませるという意味に、また、

> The preparation will be complete **by Monday**.

であれば、準備が **on** Monday か **before** Monday に完了するという意味になります。

動詞の示す事柄が特定の時間かそれ以前に「必ず生じる」なら、当然、**by といっしょに使用できる動詞は行為または出来事を表す動詞**

8. 副詞の用法(その3)

だけということになります。live, rest, stay, wear, work のような**状態や過程を表す動詞は、by といっしょに使うことはできません。**

一方、**until は、特定の時間まであることが生じ続け、あるいはそのままの状態であり続け、特定の時間になるとその状態や過程が終了する、**という意味です。キーワードは continue (続ける)です。until と by のどちらを使えばよいのか迷ったときには、その文に continue を加えてみてください。そして自分の伝えたいこととうまく合致するようであれば、until が正しいことになります。

- I lived in Chicago __?__ 1989.
  → I continued to live in Chicago until 1989 (and then stopped living there).
  1989年までシカゴに住み続け(それからそこに住むのをやめ)た。
- Can you stay here __?__ 5 o'clock?
  → Can you continue to stay here until 5 o'clock (and then stop staying here)?
  5時までここに居続け(それからここを離れる)ことはできますか。

continue を加えて書き換えたほうはひどい文になっていますが、少なくともそうすることによって、書き換える前の文では until が正しいという見分けはつきます。次の例と比較してください。

- You have to hand this in __?__ 5 o'clock?
  → (?) You have to continue handing this in until Monday (and then stop handing it in).
  月曜日までこれを提出し続け(それから提出するのをやめ)なければならない。
- I promised to return this book to Prof. Tada __?__ 6 o'clock.

→ (?) I promised to <u>continue returning</u> this book to Prof. Tada <u>until</u> 6 o'clock (and then stop returning it).
この本を多田教授に 6 時まで返し続け(それから返すのをやめ)ると約束した。

いずれも意味をなしていませんので、これらの例では by が正しいことになります。
また、until は接続詞にもなりますが、意味は前置詞の場合と同じです。

- Can you look after this for me **until** I get back?
  戻るまでこれの世話をしてくれないか。
- I drove **until** I could drive no longer.
  もう嫌というほどドライブした。

一方、by は単独では接続詞にはなれませんが、the time を加えることにより節を導くことができます。

- You will be completely exhausted **by the time** you get to London.
  ロンドンへ着く頃にはクタクタになっているでしょう。
- They had eaten everything **by the time** I arrived.
  私が着く頃には彼らは全部平らげてしまっていた。

ただし、次の文は厳密に言うと成立しません。

(△) I want to find the report on my desk <u>by the time</u> I get back.

一方、次の文は正しい英語です。

I want the report to be on my desk **by the time** I get back.
私が戻るまでに報告書を机の上に置いておいてもらいたい。

　違いはどこにあるのでしょうか。それはすでに触れたように、by は「特定の時間または<u>それ以前の時間</u>」を表すという点です。最初の例では、話し手は自分が戻らないうちは(すなわち戻る時間より以前には)、机の上にレポートを find することはできません。戻るまでは机のところにいないのですから当然です。find を使う場合は、

I want to find the report on my desk **when** I get back.
私が戻ったときに報告書が机の上にあるようにしておいてもらいたい。

とすれば正しくなります。

9. 副詞の用法(その 4)

~soon と immediately を使い分ける~

　何かが「soon に起こる・起こった」と言えば、それは「after a short time に起こる・起こった」ということです。それに対して、何かが「immediately に起こる・起こった」と言えば、それは基本的に「with no delay（遅れず、時をおかず）に起こる・起こった」という意味になります。しかし、soon と immediately には、必ずしもこのような説明だけでは区別し切れない面があります。

soon

　日本語の「すぐに」や「まもなく」と同じように、英語の soon にも解釈の幅があり、何かが実際に生じるまでの経過時間は soon が使われる状況によって異なります。I'll see you **soon**. と言えば、soon にはだいたい 2, 3 分～1 ヵ月くらいの幅があると考えていいでしょう。実際の時間はふつうはそのときの状況から見当がつきます。例えば、誰かが近所からあなたに電話をかけ、これからあなたのいるところへ向かうつもりで I'll see you soon. と言った場合、soon はおそらく「数分後」であると予想できます。あるいは友人に会うために 12 月 15 日に渡米する予定で、12 月はじめにその友人に電話をかけて I'll see you soon. と言えば、soon はもちろん「約 2 週間後」という意味です。

　もう少し大きな時間的視点から見れば、soon は「数年」を表す場合もあります。何かが **soon** after the Second World War に起こったと言えば、soon は 1945 年末から 1950 年頃のある時期、あるいはもっとあとの時期を指しているとも考えられます。さらに、**soon** after the dinosaurs became extinct (恐竜が絶滅してから間もなく) と言えば、soon は「数百万年後」の意味かもしれません。

いずれにせよ、soon は文脈上「短い」と考えられる時間経過を表すのがふつうです。そしてその時間枠が明確でないときには、何らかの説明が必要になることがあります。例えば、課題の提出期限に間に合わなかった学生が I'll hand it in **soon**. (すぐに提出します)と言えば、先生は How **soon**? (いつまでに)と訊きたくなるでしょう。

immediately

immediately は soon に較べ、解釈の幅がずっと狭くなります。英英辞典の中には、immediately を "without delay" と定義しているものがありますが、この定義にはもう少し説明を加える必要がありそうです。次の2つの文を較べてみましょう。

- I'll see you **soon**.
- I'll see you **immediately**.

すでに述べたように、I'll see you soon. の soon は状況によっては(例えば電話の例では)、「数分後に会いましょう」という意味になるわけですが、この場合、「数分後」は深刻な遅れ (delay) を表しているわけでありません。

それでは、同じ状況で、I'll see you immediately. と言うことは可能でしょうか。答えはノーです。では、次のような場面ではどうでしょう。

あなたは上司と話す必要があって、面会の約束をするためにその上司に電話をした。すると I'll see you immediately. という返事が返ってきた。

この場合は適切な使い方である言えます。たとえ地階にあるあなたのデスクから 25 階にある上司のオフィスまで最低でも 5 分かかり、上司がそのことを承知していたとしてもです。

　したがって、immediately は without delay よりもむしろ **"before doing anything else"**（ほかのことをする前に）、**"before anything else happens"**（ほかのことが何も起こらないうちに）と覚えておくほうが役に立つと思います。I'll see you immediately. と答えた上司の意図は「君に会う前にほかの仕事を始めたり、ほかの人に会ったりしない、また君がこのオフィスへ着いたときに外で待たせたりもしない」ということです。このような場面では、I'll see you immediately. は Come to my office immediately.（私のオフィスへすぐ来てくれ）の穏やかな言い方に当たります。したがって、I'll see you immediately. と言われたあなたは、ほかのことをせず直ちにデスクを離れ、まっすぐに上司の元へ向かわなければなりません。たとえ辿り着くまでに少々時間を要することがわかっていてもです。

　一方、I'll see you soon にはそのような含みはありません。つまり、**話し手が着く前に話し手または聞き手がほかのことをするかどうかは問題ではない**のです。たとえ話し手が聞き手のところへ行く途中、お弁当を買いにコンビニエンス・ストアへ寄ったとしても、所要時間は soon の枠内にきちんと収まっています。

　I'll see you immediately. という文についてさらに説明を加えると、どちらかの人物が相手のところへ移動しなければならない場合、**「移動する人」は I'll see you immediately. と言うことはできません**。なぜなら、その人は相手と会う前に必ずあることをしなければならないからです。あることとは、もちろん、「ある場所から（相手のいる）別の場所へ移動する」ことです。

　それに対して、移動する人が I'll **come** immediately. と言うことなら可能です。なぜならこの文は、「話し手がほかのことをしないうちに今いる場所から**離れる**」ことを表しているからです。例えば、イン

9. 副詞の用法(その4)　127

グランドの実家で何か緊急の事態が生じれば、私は電話で両親に I'll come immediately. と伝えるかもしれません (24 時間以内に実家へ辿り着くことが不可能だとしても)。

　see と come の違いはあれ、immediately に対する「ほかのことをする前に」「ほかのことが起こる前に」という捉え方が有効であることに変わりはありません。ほかにも例を挙げれば、例えば報告書を早く書いてもらいたいと思っているネイティヴスピーカーの上司に、あなたが I'll do it soon. と応じても、上司はおそらく喜んではくれないでしょう。しかし、I'll do it **immediately**. と答えれば、あなたはほかのことより先に報告書を書くものと理解され、上司はもう少しハッピーな気分になるのではないでしょうか。

　soon と同様、immediately の具体的な時間枠にも文脈が影響してきます。例えば「immediately に報告書の作成に取りかかります」と言ったあなたが、15 分後に新聞のスポーツ面を読んでいたとします。当然、上司はあまりいい顔をしないでしょう。それに対して、私がある日本人から「両親は immediately after the war に結婚しました」と言われたとします。私はもちろん、その人の両親が日本の降伏後 15 分以内に結婚したなどと考えたりはしません。私は 2 人が soon after the war よりももう少し終戦に近い時点で結婚したのだなと想像し、仮に 1945 年の終わりになってもまだ結婚していなければ、意外な印象を受けただろうと思います。言うまでもなく、結婚の前に「ほかにすべきこと」はいろいろとあったはずですが、それでも予想できるのは、彼らの生活においてさほど重要な出来事は生じなかった、あるいは何かをするにしても結婚の準備がほとんどだった、ということです。同じことは報告書の例にも当てはまります。あなたは「immediately に報告書の作成に取りかかります」と約束したあと、自動販売機にお茶を買いに行ったかもしれません。その程度なら仕事の妨げにはならないからです。しかし、ほかの仕事をしたり新聞のスポーツ面を読んだりするのはダメです。同じように、電話で両親

に「immediately にイングランドへ帰ります」と伝えたあと、私にはいろいろとしなければならないことがあります。航空券を買う、同僚に事情を説明する、空港へ行く...。しかしそれらはどれも、帰省という当面の目的に付随した行為にすぎないと言えるでしょう。

♦ **right away/straight away**

immediately と同じ意味を持つだけた表現に、**right away** と **straight away** があります（straight away は主にイギリスで、right away はイギリスでもアメリカでもよく使われています）。フォーマルさの違いを除けば、私には immediately と right/straight away のあいだに大きな違いは感じられません。ただし、immediately after the war のように、right/straight away を after や before の前に置くことはできないという点に注意してください。

一方、単独の right または straight を after/before の前に用いて、ほぼ同じ意味を表すことは可能です。

They got married **right/straight after** the war.
2人は戦争のあとすぐに結婚した。

just after/before もこれと非常に近い意味です。

♦ **at once**

at once も immediately や right away/straight away と「イコール」で結ばれていることがあります。しかし、「無条件で置き換え可能」という捉え方は避けたほうがよいでしょう。immediately の意味の at once は、何となく威圧的・軍隊的な響きのする表現だからです。もちろん、at once が純粋に immediately と同じ意味で使われている例もけっして少なくはないでしょうから、これはあくまで私の個人的な見解にすぎません。ただ、少なくとも私の考えでは、at once は **at the same time**(同時に)を表すのが基本ですから(これにはネイティブスピーカーの中にも異論があるでしょうが)、この表現は次のような文で使うほうがしっくりきます。

- I can't do two things **at once**.
  私は2つのことを同時にできません。
- I could have dealt with these problems one at a time, but because they happened all **at once**, I couldn't cope.
  一度に1つずつなら何とか処理できていただろうが、何しろみないっせいに起こったのだからどうしようもなかった。

♦ **as soon as**

接続詞の as soon as も immediately と非常に似た意味を持っています。

I phoned him **as soon as** I got home.
帰宅してすぐ彼に電話をかけた。

は、

I phoned him **immediately** after I got home.

という意味です。ただし、as soon as のこのような意味は、soon よりもむしろ as . . . as のほうに関係があると言えるでしょう。

as soon as は「接続詞」の immediately とも置き換え可能ですが(I phoned him immediately I got home)、immediately の接続詞用法は今では急速に姿を消しつつあり、おそらくアメリカ英語ではすでに使用されていないと思われますので、接続詞としては as soon as を使うことをお勧めします。

10. 副詞の用法(その5)

~just と「ちょうど」~

　just はその意味と働きが広範に渡るため、少々扱いにくい副詞ですが、たいていの日本人はこの語を日本語の「ちょうど」と等式化しているようです。しかし、この等式は誤った解釈を生むおそれがあります。

　just の最も一般的な——そして日本人もよく承知している——用法は、何かがごく最近生じたことを示す現在完了形の用法をさら強めるというものです(『日本人の英文法』pp. 56–57 参照)。

- Larry has **just** arrived in Tokyo.
  ラリーはたった今東京に着いた。
- I've only **just** heard the news.
  たった今そのニュースを聞いた。

　また、just 自体に「何かがほんの少し前に起こった」という意味が含まれているため、必ずしも現在完了形を使う必要はなく、くだけた英語では単純な過去時制で使われることも珍しくありません(ただし、使い方には少々注意が必要です(後述))。

My computer **just** crashed again.
コンピュータがまた故障しちゃったよ。

　just はこのように**「非常に短い時間」**との関わりが強く、その意味はさまざまな用法となって現れてきます。

10. 副詞の用法(その5)

① **just a minute** ほか

例えばみなさんのよく知るところでは、**相手にしばらく待ってくれるように頼むときの表現に、Just a minute/second/moment.** があります。これらの表現は、**相手の発言をさえぎって、その人に対して不同意を表明する**ときにも使うことができます。

A: I'll never forgive him for that!
B: **Just a minute** — he was only trying to help!
A: あんなことをして僕はあいつを絶対に許さないぞ。
B: ちょっと待ってよ。彼は手伝おうとしただけじゃないか。

この Just a minute. は、「何かをする前にちょっと待つ(そしてそのことについてよく考えてみる、あるいはその状況に対して別の考え方をしてみる)」という意味です。

② **be just about to do**

just はまた、**be just about to do** のかたちで、「**何かがまさにこれから(in a very short time) 起ころうとしている**」という意味を表すこともできます。

- We're **just about to** buy a new car.
  私たちはちょうど新車を買おうとしていたところです。
- I **was just about to** go to bed when he called.
  寝ようとしたら彼から電話がかかってきた。

about to だけでも意味はほとんど変わりませんが、just は行為の即時性をさらに強調しています。

③ 「すぐにすむ」ことを示す just

just はさらに、「**ある行為が完了するのにたいした時間がかからない**」ことを表します。

- A: Come on. Let's go.
  B: Okay. I'll **just** close the windows.
  A: さあ、行こう。
  B: ええ。ちょっと窓を閉めるわ。
  (つまり、「出かける前に窓を閉めます。でも時間はかかりません」)
- A: Come on. Let's go.
  B: Okay, but I **just** want to finish writing this letter.
  A: さあ、行こう。
  B: うん、でもちょっとこの手紙を書いてしまいたいの。
  (つまり、「手紙を書き上げるのに時間はかかりません」)
- A: Come on. Let's go.
  B: Okay, but I'm **just** watering the plants.
  A: さあ、行こう。
  B: ええ、でもちょっと植木に水をやってるところなの。
  (つまり、「今植木に水をやっていますが、すぐに終わるでしょう」)

④ be just going to do

③ の用法は、**be going to do** を伴って、「**すでにやると決めたこと**」**を述べる**ときにも使われます。

- **I'm just going** (**to** go) over to the supermarket.
  ちょっとスーパーへ行って来ます。
  (つまり、「すぐに戻ってきます」)

- **I'm just going to** see what's on channel 9.
  9チャンネルで何をやっているかちょっと見てみるね。
  (つまり、「チャンネルを変えるけれど心配しないで。今見ている番組にすぐ戻すから」)
- **I'm just going to** see if the children are in bed yet.
  子供たちが寝たかちょっと見てくるわ。
  (つまり、「すぐに戻って来ます」)
- **I'm just going to** have a quick look in your ears. Don't worry — it won't hurt.
  ちょっとお耳を診てみましょう。心配いりません。痛くありませんから。

最後の医師と患者の例は、診察がすぐにすむことを強調すると同時に、その行為が簡単で(だからすぐにすむ)、相手(患者)に不都合を与えないことを示しています(同じことは、程度の差はあれ、他の例文にも当てはまります)。

⑤　just と「**依頼**」「**指示**」

③④の用法を広げて、「**依頼**」や「**指示**」を表すことも可能です。

- Could you **just** pass me that dictionary?
  ちょっとその辞書を取ってくれませんか。
- **Just** click on this button, and the document you're working on will be saved on the hard disk.
  このボタンをクリックすると、作成中の文書はハードディスクに保存されます。

以上の例から、just は **only**(この意味でもよく使われます)の意味とも関係していることがわかります。I'll **just** close the windows.

は、「私がしようとしているのは窓を閉めるということ<u>だけ</u>、だから時間はかからない」という意味であり、I'm **just** going over to the supermarket. は、「私の行き先はスーパー<u>だけ</u>、だから時間はかからない」という意味です。

⑥　just と「期間」

just は「期間」の前に置かれると、その期間が短いことを表します。この just は、ほとんどの場合、only と入れ換えが可能です(ただし、人に待ってくれるように頼む Just a minute/second/moment. を Only a minute/second/moment. と言うことはできません)。

例えば、入国審査での典型的なやり取りに、次のような場面があるでしょう。

A: How long are you planning to stay in Australia?
B: **Just** a week.
A: オーストラリアにはどれくらいご滞在の予定ですか。
B: 1週間だけです。

just a week を「ちょうど1週間」の意味だと思い込んでいる人が結構いるはずです。この just はそのような意味ではないのです。

- It took us **just** two days to finish the report.
  私たちはレポートを仕上げるのに2日しかかからなかった。
- We revised all the documents in **just** two days.
  私たちはすべての文書をたった2日で改訂した。

という文も、それぞれの仕事を終えるのに2日という期間は「短い」、という話し手の判断を示しています。仕事を終えるのに要した期間がたまたま「正確に」2日間だった可能性もありますが、上のような言

い方ではそのような解釈はできません。「ちょうど」を表すには、**exactly** を使う必要があります。

⑦　just と「値段」「数字」ほか
「値段」や「数字」一般についても同じことが言えます。

- Yours for **just** $99!
  たった 99 ドルであなたのものに！
  （広告主は商品の「正確な」値段よりも、「低」価格を強調していると考えられます）
- A: How many people came?
  B: **Just** seven.
  A: 何人来た？
  B: たったの 7 人。
- This is **just** one of the countless planets that must exist in the universe.
  これは宇宙に存在するに違いない無数の惑星の 1 つにすぎない。
- There are **just** a few small points I would like to raise.
  私が提起したい問題点としては些細なことがほんのいくつかあるだけです。
- A: How much sugar would you like?
  B: **Just** a little, please.
  A: お砂糖はどれくらい入れましょうか。
  B: 少しで結構です。

　このような "low level"（only）の概念は、数や量以外にも現れてきます。

- Don't make such a fuss — it's **just** a scratch.

そんなに大騒ぎしないで。ただのかすり傷ですよ。
- Manami's not **just** pretty; she's intelligent as well.
  真奈美は可愛いいだけじゃなくて、頭もいい。
- It's **just** a matter of finding the right location.
  適当な場所を見つければいいだけさ。
- Gary became a multi-millionaire **just** by selling one of the houses his father left him.
  ゲーリーは父親が残してくれた家を 1 軒売っただけで億万長者になった。
- It's not that I don't like Stephen; it's **just** that I don't agree with his politics.
  スティーヴンのことが嫌いというわけじゃない。彼の政治的信条に賛同できないだけだ。

⑧ just と「意図」

just の持つ only の意味は、さらにいくつかの用法へ広げることができます。例えば、話し手の**「意図」**(intention) を表すことがあります。

- I'm sorry if I offended you, but I **just** wanted to say that I slightly disagree with a couple of the points you made.
  お気に障ったのならごめんなさい。あなたの意見に 2, 3 賛成しかねる部分があると言いたかっただけなのです。
  (つまり、「私はそのことを言いたかっただけで、あなたを傷つけるつもりはなかった」)
- I **just** borrowed his car — I didn't steal it!
  彼の車をちょっと借りただけです。盗んだんじゃない。
  (つまり、「僕が意図していたのは車を借りることだけだ」)
- I **just** asked her for a date; I didn't ask her to marry me.

僕は彼女をデートに誘っただけなんだ。結婚を申し込んだわけじゃない。
(つまり、「僕はたんにデートがしたかっただけで、それ以上の深刻な状況を望んでいたわけではない」)

p. 130 で、何かがつい最近生じたことを示す just を、単純な過去時制で用いる場合には「少々注意が必要」と書きましたが、その注意すべき例が上の2番目と3番目の文です。前後関係からまず誤解される心配はないと思いますが、それでも「たった今」を表す場合には、just はなるべく現在完了形と使うようにしたほうがよいでしょう。

⑨ **just と「ぎりぎり」**
only の意味はさらに、**「ぎりぎり」**という概念を表す just の用法にも現れてきます。

I got to the airport **just** in time to see Roger before he left for Chicago.
ぎりぎりのところで空港へ辿り着き、ロジャーがシカゴへ出発するのを見送ることができた。

という文は、「わずかな時間差でかろうじて間に合った」、つまり、「遅れそうになった」という意味です。このような場合、しばしば just の前に only をつけて強調することがあります。類似の例を挙げましょう。

- There were **just** enough chairs to go around.
  椅子の数は何とか足りた。
- With all the noise, Susan could **only just** hear what Jim was saying to her.

周囲がうるさくて、スーザンにはジムの言っていることがやっと聞こえる程度だった。

- The reception lasted **just** under two hours.
  レセプションは 2 時間近く続いた。
- The amount of work we have is **only just** manageable.
  今抱えている仕事で手いっぱいだ。
  (この意味の just とともに使われる形容詞は、一般に、-able/-ible で終わるものです)
- A: Can you see the stage?
  B: **Only just**.
  A: 舞台が見えるかい。
  B: 何とかね。
- It might **just** be possible to look around one more temple before it gets dark.
  暗くなる前に何とかもう 1 箇所くらいお寺を見学できるかもしれない。

⑩ just と「ある特定の瞬間」

さて、just の訳語として「ちょうど」が適切でない場合が多いことを見てきましたが、just にはもちろん、この日本語が使用可能な用法もあります。「ちょうど」が使えるのは特に、just が **「ある特定の瞬間」** を表す場合です。

- The fire alarm went off **just as** I was getting into the bath.
  浴槽につかろうとしたちょうどそのときに火災報知器が鳴り出した。
- **Just when** I thought the matter was settled, Mike started to complain.
  一件落着と思ったちょうどそのときにマイクがぶつぶつ言い始めた。
- It was **just at that moment** that the bomb went off.

まさにその瞬間、爆弾が爆発した。
- As usual, Paula arrived **just on time**.註)
いつものように、ポーラは時間どおりに到着した。
- We're **just**（**now**）beginning to see the effects of this new technology on people's lives.
この新しい技術が人々の生活に及ぼす影響に我々は今気づき始めたところである。

　これらの例文では、just の代わりに right を使っても意味は変わりません（ただし、right を使う場合、最後の例の now は省略できません）。

⑪　just と現在進行形
　just にはまた、**現在進行形の文で使われ、「話しているまさにその時点で何かが進行中である」ことを強調する**という使い方があります。例えば、

You haven't written to the bank manager yet.
まだ銀行の支店長に手紙出してないんでしょう。

という妻の言葉に、私は次のように言い返すかもしれません。

I'm **just** doing it, you stupid woman! What's the point of telling me to do something I'm already doing?
今書いてるんだよ、このばか女！　もうやってることをやれとは何だ。
（この返事はジョン・クリーズ主演の忘れがたいコメディ・シリーズ *Fawlty Towers* から拝借したものです——妻を a stupid woman と呼ぶ勇気は私にはありません）

ラジオの生中継の解説などで、その瞬間に起こっていることを伝えるときによく使われるのが、この用法の just です。

- Holding's **just** coming in to bat.
  ホールディングが打席に入ろうとしています。
- The prime minister is **just** approaching the podium.
  首相が演壇に向かっています。

⑫ just と「場所」を示す副詞・前置詞

また、just が場所を示す副詞や前置詞とともに使われたときにも、「まさに、ちょうど」に近い意味を表します。

- The hotel was **just across** from a cement factory.
  ホテルはセメント工場の真向かいにあった。
- The accident happened **just here**.
  事故はまさにここで起こった。
- There was a video store **just next door to** her house.
  彼女の家のすぐ隣にビデオ店があった。
- There was some kind of demonstration going on **just in front** of the station.
  駅の真ん前で何かのデモが行われていた。

この場合も、just を right で置き換えることが可能です。意味はほとんど変わりません。

⑬ just と「類似性」

さらに、just が**類似性を強調する**ために使われることもあります。

- Carlos looks **just** like his father.

カルロスは父親そっくりだ。

- I can't tell the difference between one type of beer and another — they all taste **just** the same to me.
  僕にはビールの違いがわからない。全部同じ味に感じるんだ。
- Emily's **just** as good at math as her brother.
  エミリは弟とまったく同じくらい数学ができる。
- My wife makes coffee **just** the way I like it/**just** how I like it.
  妻は僕の好みどおりのコーヒーを入れてくれる。

⑭ **just + the + 名詞**

just は **the + 名詞の前に置かれると、ideal (理想の)に似た意味を表す**のですが、この用法は上の⑬の用法と通じる部分があります。つまり、何かがある状況にとって ideal (理想的)であるなら、それはその状況に最もふさわしいと思われるものと just like (ほとんど同じ)であるということです。

- He's **just the man** for the job.
  彼はその仕事にうってつけだ。
- The hotel's **just the place** for a relaxing weekend.
  そのホテルは週末をのんびりと過ごすにはぴったりの場所です。
- I have **just the thing** for your sore throat.
  あなたの痛む喉にちょうどいいものがあります。

この種の文ではしばしば the と名詞のあいだに right がきます (just the **right** man)。

⑮ 「**very で修飾できない形容詞**」を修飾する **just**

最後に、just が **very** で修飾できない形容詞 (→ p. 49)、すなわち **wonderful, disgusting, delicious** などの、すでに **very** の

概念を含む形容詞を修飾するときの用法に触れておきましょう。この just は**叙述用法の形容詞**としか使われていないようです。

- The meal was **just superb**.
  食事は実にすばらしかった。
- The whole idea is **just ridiculous**.
  その考えはまったくばかげている。
- The detail in this sculpture is **just incredible**.
  この彫刻のディテールはまったく見事というほかない。

これらの文における just の働きは、もちろん形容詞の程度を強めることであり、just の程度は "complete degree"(最も高い程度)の副詞とほぼ同じです(utterly superb, completely ridiculous, quite incredible)。この用法も類似性を強調する just の用法と関係があるのかもしれません(ただし、これらの例では「ちょうど」という日本語は使いづらいと思います)。

上に挙げた用法以外で「ちょうど」(exactly)の意味を表したいときには、just ではなく、はっきり exactly と言うようにしたほうがよいでしょう。

註) この文と既出の I got to the airport just in time to see Roger before he left for Chicago. (p. 137) という文は、on time と in time の違いを示す例です。

何かに **on time** で着くと言う場合、それは**「予定の」**時間に(ふつうはその少し前に)着くという意味であり、**just on time** と言えば、予定と「ちょうど」(exactly)同じ時間に着くという意味です。したがって、on time は、**すでに予定に組み込まれ、自分が出席することになっている出来事**にしか使うことができません。例えば、会議、人と会う約束、コンサート、授業、パーティなどがそうです(必ずしもフォーマルな性質のものである必要はありません)。

それに対して、何かに **in time** で着く場合、それは**出来事が生じる前に着いてその機会を逃さずにすむ**、と言っているにすぎず、**その出来事は必ずしも「予定」である必要はありません**。むしろ、予定ではない可能性が高いとさえ言えます。ロジャーの見送りに関する上の例文では、話し手はロジャーと合う手筈を整えておらず、時間ぎりぎりになってから誰かの遣いで、あるいは自分の気まぐれで、大急ぎでそこへ駆けつけた、という可能性も考えられます。あるいは、約束の時間には間に合わなかったけれど、セキュリティチェックとパスポート審査を終える前に何とか彼に会うことができた、ということなのかもしれません。

「それでは、I arrived **in time** for the 7:30 express.(私は7時半の急行に間に合った)はどうか、これは予定ではないのか」

そのとおり、電車の出発時刻は確かに予定です。しかしこの文は、**この電車に乗ることは「話し手の」予定にはなかった、話し手はその電車が出発する前にたまたま駅に着いた**、と言っている可能性もあるのです。もちろん、実際にその電車に乗る予定だったということも十分考えられます。例えば、「9時発ののぞみに乗る予定で、朝寝すごしてしまったものの、何とか間に合った」という文は、

I was scheduled to take the 9:00 Nozomi and, even though I overslept, I just managed to get there **in time**. (あるいは、... I just managed to make it.)

と訳すことが可能です。

もっとも、そうすると、in time は「予定」であろうとなかろうと結局使えることになり、on time との区別が依然曖昧なままであるという印象を受ける人がいるかもしれません。

要点は、もし on time で着かなかったなら、**「その機会を逃したのか、それとも逃さずにすんだのか」**というところにあります。例えば、授業やコンサート、会合、約束などであれば、on time に着くことができなくても(つまり、late for しても)、出席・入場・参加・面会できる可能性は残されています。ところが、電車やバスや飛行機が on time (つまり、on schedule (時刻表どおり))に出発したあと、あなたがその場所へ到着したのであれば、あなたはその乗り物に乗りそこねた (miss) のであって、その機会を取り戻すことはできません。I was late for the train. という文が(正確には)間違いである理由もここにあります。つまり、**be late for は、まだ参加できる可能性が残されている場合にしか使用することはできない**のです。会議に遅れて、着い

た頃にはもう終わっていた、というような場合も使うことはできません。あなたはたんに会議に出られなかった (You missed it.) だけです。

　「のぞみ」の例に目を戻すと、話し手は9時発ののぞみに乗る「予定」だったわけですから、on time を使うことも不可能ではありません。しかし、ネイティブスピーカーの頭の中では、**in time （(何とか)間に合う）と miss （乗り遅れる）のあいだには強い結びつきがある**ため、この例では in time を使う可能性のほうが高いと言えます。

11. 副詞の用法(その6)

~程度を表す副詞 fairly, quite, rather, pretty を使い分ける~

 p. 96 の冒頭に挙げたリストに目を戻せば、程度 (degree) を表す副詞の中で正しく理解し使うことの難しい語は、何と言っても quite です。ただし繰り返しますが、これから述べる quite の用法も、必ずしも米国用法に通じるものではありません。アメリカ英語における quite については、p. 157 の Mini-Survey をご覧ください。

 形容詞を修飾するときの quite の用法は 4 章で説明したとおりです。動詞を修飾するときの quite については本章の後半 (→ p. 152) で述べることにします。

イントネーションによる意味の違い

 fairly はほかの 3 つの副詞よりも弱い程度を表します。つまり、fairly enjoyable だった休暇は、quite/rather/pretty enjoyable だった休暇よりも楽しくなかったことになります。これは、私が一生懸命やった仕事をもしも人から fairly good と評価されたらどう感じるだろうかと想像したうえでの結論です。まずうれしいとは思わないでしょう。これがもし quite good という評価だったらいくらかはマシな気分に、rather/pretty good ならさらにもう少しマシな気分になると思います。ただし、この 3 つの副詞 (quite, rather, pretty) のあいだに特別重要な違いがあるわけではありません。同僚の日本人英語教師のあいだには、3 つの中では pretty の程度が最も強いとの合意があるようですが、率直に言って、私は pretty と rather のあいだに程度の差を設けるつもりはありません。

 これらの副詞の程度については、イントネーションが決定的な要因

となります。**一般に、副詞にストレスを置けば、その副詞が修飾する形容詞の強さは、形容詞のほうにストレスを置いた場合よりも弱くなります。**したがって、ある山が、

(a) **pretty** hard to climb（pretty にストレス）

だと言われれば、その山は、

(b) pretty **hard** to climb（hard にストレス）

な山ほど登りにくくはないのだなと私なら直感的に判断します。数値を使ってこの違いを示すのは少々危険ではありますが、あえてその危険を冒してみると、仮に very hard to climb の難しさの度合いを 10 分の 9 とすれば、(a) は 10 分の 5、(b) は 10 分の 7 または 8、といったところでしょうか。

　イントネーションによる程度の違いはもちろん、これらの副詞が形容詞ではなく別の副詞を修飾するときにも適用可能です。

- My daughter did **quite** well in her history exam.（quite にストレス）
  （この文を聞いた場合、私は正確な点数を知らされるまでは、彼女の出来が話し手の予想通りか、あるいは予想よりも少しよかったと想像するでしょう）
- My daughter did quite **well** in her history exam.（well にストレス）
  （この文を聞いた場合、私は正確な点数を知らされるまでは、彼女の出来が話し手の予想よりもずっとよかったと想像するでしょう。しかし very well ほどではありません）

会話ではなく文章の場合にはこのような考え方を当てはめることはできませんが、もしもある山が fairly/quite/rather/pretty hard to climb と書かれていれば、私の判断では、その難しさは10分の5から7程度でしょうか。ただし、これは私個人の経験上の数値ですから、あくまで1つの目安としておいてください。また、これらの副詞を日本語に置き換えることも必ずしも容易ではないと思うのですが、どれも一様に「かなり」と訳してしまうことには疑問を感じます。

使用頻度の差について

quite と pretty の使用頻度は、アメリカ英語とイギリス英語では大きな差があります。*Longman Grammar of Spoken and Written English* のデータによれば、quite の使用頻度は、イギリス英語の会話においては100万語につき350〜399回であるのに対して、アメリカ英語の会話ではわずか50〜99回、pretty についてはイギリス英語の会話では100〜149回、それに対しアメリカ英語の会話では400〜499回となっています。

また、quite が学術的な文章に登場する割合は100万語につき150〜199回であるのに対して、pretty の割合は50回以下となっています（pretty がくだけた用法であることがわかります）。参考までに、fairly の使用頻度はアメリカ英語でもイギリス英語でも会話では100万語につき50回以下、学術的な文章では100〜149回の割合。一方、rather は学術的な文章とアメリカ英語の会話における使用頻度はそれぞれ fairly の場合と同じですが、イギリス英語の会話では50〜99回と fairly よりもやや頻度が上がっています。

さて、これらの副詞が「動詞をどのように修飾するか」というのが本章の主要なテーマですが、その前に関連事項をもう少し見ておきましょう。

① 自分あるいは他人がすでに発言したことを否定する場合を除いては、**fairly, quite**（「中くらいの程度」における）**, rather, pretty** を **not** といっしょに使うことはできない。

> The lecture **wasn't**（just）**pretty** interesting: it was **extremely** interesting.
> その講義はなかなか興味深かったなんてものじゃない。ものすごく面白かったですよ。

という文は結構ですが、

> (×) The lecture wasn't fairly/quite/rather/pretty interesting.

だけですませてしまうことはできないのです。ここでは代わりに **very を使わなければなりません**。このことはこれらの副詞の意味を考えてみればおおよそ見当がつくと思います。ただし、p. 53 でも説明したように、**completely の意味を表す quite なら not と使用することも可能です**。そのためでしょうか、日本人は「中くらいの程度」の quite も誤って not といっしょに使ってしまっているようです。

② （a）**fairly, quite, rather, pretty** のうち、比較級といっしょに使えるのは **rather** だけである。

> He was **rather older than** I expected him to be.
> 彼は私の予想よりだいぶ年をとっていた。

また、**too といっしょに使えるのも rather** だけです。

I'm **rather too** old for this sort of activity.
そういった活動をするには私はやや年をとりすぎている。

どちらの例でも rather の程度は a little と much の中間くらいでしょう。

(b) rather は **rather bad(ly)/unpleasant(ly)/ridiculous-(ly)** などのように、いくらか「否定的」な意味合いで使われ、失望や批判を表す「傾向」があるが、逆に「肯定的」な形容詞や副詞といっしょになると、しばしば話し手の驚きを表す。

The play was actually **rather good**.
その芝居は実はなかなかよかった。
(話し手はその芝居がひどいものであることを予想していたと考えられます。actually がその予想との差を強調しています)

③ (a) 名詞を伴う場合、**fairly** と **pretty** はさらに形容詞を伴わなければ用いることはできない。

- We had a **fairly big** wedding reception.
  割と大きな結婚披露宴だった。
- It's a **pretty unusual** situation.
  それは比較的珍しい状況だ。

(b) rather は名詞のみと使用することも可能だが、実際にはあまり使われていない。

- It was **rather a bore**.
  (It was rather boring. に近い意味)

結構退屈だった。
- The meeting was **rather a failure**.
(It was rather unsuccessful. に近いですが、failure という語が使われているため、より否定的な意味になります)
その会議はむしろ失敗だった。

アメリカ人には (b) の例文はイギリス英語のように響くのではないでしょうか。したがって、何らかの理由で「イギリス英語風」にしたいとでも思わない限り、こうした使い方はしないと思います。

(c) 名詞に形容詞がついている場合、rather は冠詞の前にもあとにも置くことができる。

That's **rather a** nice dress./That's **a rather** nice dress.
そのドレスはなかなかいい。

冠詞の前に置いた場合、rather の意味はわずかに強くなるようですが、それでも大きな違いは感じられません。

(d) quite も名詞のみと使用することができる。

- It was **quite a party**!
- He's **quite an entertainer**!
- We had **quite a trip**!

(d) の例の quite はどれも「中くらいの程度」ではありません。**このように使われた quite は強い肯定または強調を表すのがふつうです**。つまり、それぞれ「いつになくすばらしいパーティ (an unusually good party) だった」、「彼は並外れて優秀なエンターテイナー

(an unusually good entertainer)だ」、「非常に楽しい旅行（an unusually good trip）だった」という意味になります。

ちなみにこのような文は、時に「皮肉」となって逆の意味を表すこともあります。

We had **quite a trip**: it never stopped raining, and the children were all ill.
実にすばらしい旅だったよ。雨はちっとも止まないし、子供たちはみな体調を崩していたしね。

以上から、rather と quite は名詞といっしょに使われた場合まったく異なる意味になることがわかるでしょう。

（△または×）It was rather a party.
（△または×）We had rather a trip.

このような言い方が非常に不自然に響くのは、それぞれの rather に対応する形容詞のかたちが存在しないからです。

（e）quite も形容詞＋名詞とともに使うことができる。

- The firm had **quite a successful year**.
  その会社は比較的よい年間成績をあげた。
- This is **a quite magnificent specimen**.
  これはまったくすばらしいサンプルだ。

quite はここでもまた厄介な面を覗かせます。最初の例文のように、**冠詞の前にくる場合には quite は「中くらいの程度」（medium degree）を表す**のに対して、2番目の例文のように**冠詞のあとにくる場**

合には quite は「最も高い程度」(complete degree)を表すのです。quite と a がどちらの順序で現れどちらの意味を持つかは、使われる形容詞の種類 (gradable (段階的)か ungradable (非段階的)か)によります (→ p. 51)。日本の英和辞典には、Jack is a quite rich man. のような例文を載せているものがありますが、残念ながらこれは誤りです。rich は通常の段階的形容詞ですから、quite a のあとにこなければなりません。

　　Jack is **quite a rich** man.
　　ジャックは金持ちなほうだ。
　　(quite は "medium degree" を表す)

なお、アメリカ人数人に確認したところ、彼らは形容詞の性質に関わらず、"a quite..." という言い方はしないとのことでした。

動詞修飾について

そしてここからがようやく、動詞との用法になります。

① pretty は動詞を修飾している別の副詞を修飾することはできるが、直接動詞を修飾することはできない。

(×) We ran pretty.
(○) We ran **pretty** fast.
　　私たちは結構速く走った。

② fairly が動詞を修飾するときは、in a fair way (公平なやり方で)の意味になるのがふつうである。

I don't think he treated us **fairly** at that time.
そのとき彼は私たちを公平に扱っていなかったと思う。

ただし、**ごく稀に、動詞の直前に置かれた fairly** を目にすることがあります。その場合、fairly は **completely の意味**になります。

His resignation **fairly** took our breath away.
彼の辞職に私たちはまったく驚いてしまった。

もっともこのような場合には、fairly ではなく completely や absolutely を使うほうが一般的でしょう。
したがって、fairly は、本項の前半で述べたような(「中くらいの程度」に近い)意味では、動詞を修飾することはできないということになります。

③　**rather も動詞を修飾することができるが、その動詞の数は限られている。一般に、意見や感情を表す動詞 think, suspect, doubt, like, hope, feel, wish などとしか使うことができず、その位置は動詞の直前となる。**

rather がこれらの動詞とよく使われるのは、**人の発言に対して穏やかに、不同意を表明するとき**です。

- A: What an awful painting!
  B: Oh, do you think so? I **rather** like it.
  A: なんてひどい絵だ。
  B: あれ、そう？　僕は好きなんだけど。
- A: John isn't coming to the party, is he?
  B: I **rather** hope he is.
  A: ジョンはパーティに来ないんでしょう。

B: 僕はむしろ来てほしいんだけどな。

話し手は rather を使うことによって、動詞の程度を弱めようとしています。 I rather like it. は、I like it. とか I like it very much. などと言った場合よりも like の程度が弱いことを示しているわけです。

④ **quite も動詞を修飾することができる。この場合の quite も、あるときは completely の意味に、あるときは relatively の意味になる。**

- I **quite** understand your disappointment.
  （completely の意味）
  あなたががっかりするのもよくわかります。
- I **quite** like him. （relatively の意味）
  私は彼を好きなほうだ。

ご想像のとおり、どちらの意味になるかはいっしょに使われる動詞の性質によります。幸い quite と結びつきやすい動詞は、少なくとも肯定文においては数が限られています。私の印象では、quite が completely の意味を表す代表例は quite **agree** と quite **understand** です。これ以外では、**see**（understand の意味）, **believe**, **realize**, **accept**（認める）, **approve** なども結構よく使われています。これらの動詞は、議論などで相手に自分の意見を伝えるときによく使われます。

- I can **quite see** your point, but . . .
  あなたの言いたいことはよくわかるが、でも . . .
- I **quite agree** that . . . , but . . .

...については異論はないが、でも...
- I can **quite believe** that..., but...
...についてはそのとおりだと思うが、でも...

それに対して、quite が relatively の意味になる動詞は、**like** と **enjoy** 以外にはあまり見かけないように思います。quite はこの2つの動詞との組み合わせでは、少なくともイギリス英語では頻繁に使われています。

一方、アメリカ人は、quite と like/enjoy の組み合わせは許容できるものの、quite agree/understand/see/believe/realize/accept/approve には違和感を覚えるようです。また、アメリカ人の知人数人に、quite like/enjoy における「好み」「楽しさ」の程度は、動詞単独の場合よりも強いか弱いかという質問をしたところ、回答は半々に分かれました。さらに、イギリス英語における quite に近い意味で、agree, understand, see, believe...などの動詞と結びつく副詞は何か、という質問に対しても、completely, totally, really, absolutely, definitely, firmly, strongly, entirely という具合に、回答はさまざまでした。ただし、これもコロケーションによります。completely believe はよくても、completely see は奇妙に響くようです。結局、はっきりとした結論は出ませんでしたが、それでもごく大まかに言えば、選択肢としては completely が一番安全なようです。

somewhat と reasonably

本項で触れておくべき「中くらいの程度」の副詞には、ほかに somewhat と reasonably があります。日本人がこれらの副詞を使うのを私はあまり見聞きした覚えがありませんが、どちらも比較的改まった語で、文章で使うのに向いています。

この2つの副詞は上に挙げた他の副詞と程度が似ています。まず

somewhat は、比較級とともに使うことができ、さらに、概して好ましくない事柄について述べるときに使われるという点で、rather に非常に近い語です。

- This book is **somewhat** long and boring.
  その本は少々長くて退屈だ。
- His exam results were **somewhat** better than his last ones, but they were still not very good.
  彼の試験の成績はこの前よりはいくらかマシだったが、それでも上出来というほどではなかった。
- She sang **somewhat** nervously.
  彼女はいくらか緊張気味に歌った。

ネイティブスピーカーの中にはこの副詞を誤って不定代名詞として使用する人がいます。みなさんはその誘惑に負けないようにしましょう。

（×）It was somewhat of a disappointment.
（○）It was **something of a** disappointment.
　　　それにはちょっとがっかりした。

somewhat とは対照的に reasonably のほうは、概して肯定的なことを述べるのに使われます。

- It was a **reasonably** well-written essay.
  なかなかよく書けたエッセイだった。
- There are some **reasonably** good shops in the neighborhood.
  このあたりには結構いい店が何軒かある。
- The project turned out to be **reasonably** successful.

その計画はまあまあうまくいった。

reasonably の代わりに pretty を使えば、さらに肯定的な響きになるでしょう。rather で代用した場合にも同じことが言えますが、**rather をこのような「肯定的な」（positive）形容詞といっしょに使うと、「驚き」のニュアンスが加わって、better than expected（予想よりもいい）の意味**になります。

【Mini-Survey】

すでに何度か指摘しているように、これまで述べてきた quite の用法は必ずしもアメリカ英語に当てはまるものではありません。また、イギリス英語に較べ、アメリカ英語では quite の使用頻度がはるかに低いことも、p. 147 で説明したとおりです。

イギリス英語における quite の用法については、これまでの説明でおおむね理解していただけたかと思います。

一方、アメリカ英語における quite の意味については、事前に「ミニ調査」（mini-survey）を行いました。

この調査では、5 人のイギリス人（（わずか）5 人にしたのは、どのような反応が返ってくるか見当がついていたからです）の知り合いと、13 人のアメリカ人の知り合いに、計 21 の質問に答えてもらいました。

質問内容は、与えられた英文中の quite に意味上最も近いと思われる副詞(句)を選んでもらうというものです（質問 4, 6, 21 は除く）。ただし、その際、彼らにとっては退屈と思われる "medium degree"（中くらいの程度）と "complete degree"（最も高い程度）の違いに関する説明は、一切行いませんでした。

回答にあたっては、できるだけコロケーション（語と語の慣用的なつながり）にとらわれず、意味だけを考えるように指示しましたが、英文

によってはコロケーションに左右された回答があることも確かでしょう。

以下が、その質問の英文と回答です。

イギリス人の回答は【英】、アメリカ人の回答は【米】で示してあります。

( ) 内の数字は、それぞれの副詞を選んだ人の数を表します。

1. The question on page 46 is quite difficult.
   [a little   pretty   very   extremely]
   【英】a little (1), pretty (4)——私の予想した結果と基本的に一致します。difficult は通常の記述形容詞です(1 人が a little を選んだのはちょっと意外でしたが)。
   【米】pretty (3), very (9), extremely (1)

2. I (i)quite liked the way he played the Bach Suites, but he took them (ii)quite fast.
   (i) [kind of   reasonably   very much]
   (ii) [a little   pretty   very   extremely]
   (同じ文に同じ副詞が繰り返し現れるのは、あまり望ましい書き方ではありませんが、ここではあえて 2 回使いました)
   (i) 【英】kind of (3), reasonably (2)——予想通りです。kind of と reasonably にたいした違いはありません。イギリス英語では、quite like の quite は、「中くらいの程度」(medium degree) を表します。
   　　【米】kind of (1), reasonably (5), very much (7)
   (ii)【英】pretty (5)——予想通りです。
   　　【米】a little (1), pretty (5), very (7)

11. 副詞の用法(その6)　　159

3. My girlfriend looked quite stunning in the evening gown I bought her.
   [a little　　pretty　　very　　completely]
   【英】completely (5)——予想通りです。stunning (すごくすてきな、魅力的な) はすでに very の概念を含んでいます。したがって、この quite は、イギリス英語では「最も高い程度」(complete degree) を表します。
   【米】pretty (1), very (10), completely (2)

4. I met quite a lot of my old friends at the party. における "quite a lot" は、"a lot" より多いか少ないか？
   【英】少ない (5)
   【米】多い (5)、少ない (6)、同じ (2)

5. For an ambassador he seemed quite shy.
   [a little　　pretty　　very　　extremely]
   【英】a little (2), pretty (3)——a little を選んだ2人は、コロケーションに影響されたものと思われます。
   【米】pretty (7), very (5), extremely (1)

6. I wouldn't go by bicycle if I were you — it's quite a long way. "quite a long way" と "a long way" では、どちらが「遠い」か？
   【英】a long way (5)
   【米】quite a long way (5), a long way (7), 同じ (1)

7. He seemed quite sincere about it.
   [a little　　pretty　　very　　extremely]
   【英】a little (1), pretty (2), very (2)——pretty が多いこと

を予想していたのですが (sincere は通常の段階的形容詞なので)... これもコロケーションに引きづられたためでしょうか。
【米】pretty (2), very (11)

8. Yes, that's quite right.
   [a little   pretty   very   completely]
   【英】completely (5)
   【米】very (2), completely (11)
   ここにいたってようやく「見解の一致」(consensus)?

9. Everyone was quite devastated by the news.
   [a little   pretty   very   completely]
   【英】completely (5)
   【米】pretty (1), very (6), completely (6)

10. Their attitude is quite unbelievable.
    [a little   pretty   very   completely]
    【英】completely (5)
    【米】pretty (1), very (6), completely (6)

11. I can quite believe that he would say something like that.
    [to some extent   to a great extent   completely]
    【英】completely (5)
    【米】to some extent (2), to a great extent (5), completely (5)——quite believe はアメリカ英語では使われないという理由で、何も選ばなかった人が1人。「ヘンな言い方」とコメントした人が2人。もっとも、quite believe はイギリス英語を話す人にも少々古臭く聞こえるでしょう。

11. 副詞の用法(その6)

12. He's quite tall, and he has a beard.
    [a little   pretty   very   extremely]
    【英】a little (2), pretty (3)——a little を選んだ 2 人は、pretty を使うと「背の高さ」が実際よりも誇張されてしまうと感じたのかもしれません。いずれにせよ、quite が通常の段階的形容詞といっしょになると「中くらいの程度」を表すことは、5 人全員が認めていると考えていいでしょう。
    【米】pretty (6), very (5), extremely (2)

13. It's quite clear that the economy is on a downward track.
    [a little   pretty   very   completely]
    【英】completely (5)
    【米】very (7), completely (6)

14. This is quite definitely the worst restaurant I've ever been to in a long time.
    [almost   completely]
    【英】completely (5)
    【米】almost (1), completely (12)——quite definitely という言い方はヘン、とコメントした人が 2 人。

15. Paul always drives quite carefully.
    [a little   pretty   very   extremely]
    【英】pretty (5)
    【米】pretty (4), very (8), extremely (1)

16. Their proposal is quite absurd.
    [a little   pretty   very   completely]

【英】completely (5)
【米】pretty (1), very (6), completely (6)

17. There was a quite spectacular fireworks display in the evening.
    [reasonably   very   completely]
    【英】very (3), completely (2)——もし私があらかじめ "medium degree" と "complete degree" について説明していたら、5人全員が completely を選んだことでしょう。なぜなら、spectacular は通常 very では修飾できない性質の形容詞だからです。3人が very を選んだのは、completely spectacular という言い方を不自然と感じたからではないでしょうか。それなら very spectacular だって不自然ですが...
    【米】very (9), completely (4)——a quite... という言い方はしないとコメントした人が2人。

18. My new computer's quite powerful compared with my old one.
    [a little   pretty   very   extremely]
    【英】pretty (5)
    【米】pretty (2), very (10), extremely (1)

19. For some reason I've been feeling quite lazy and lethargic recently.
    [a little   pretty   very   extremely]
    【英】a little (2), pretty (3)——a little を選んだのはコロケーションの影響でしょう。
    【米】pretty (4), very (8), extremely (1)

20. Akiko did quite superbly in her exams.
    [a little   pretty   very   completely]
    【英】completely (5)
    【米】very (7), completely (6)

21. 次の3つの英文のうち「その本」に対する評価の最も高いものはどれか。逆に評価の最も低いものはどれか？
    A. The book is quite good.
    B. The book is good.
    C. The book is very good.
    【英】「最も高いもの」= C (5),「最も低いもの」= A (5)
    【米】「最も高いもの」= C (13),「最も低いもの」= B (7), A (6)

なお、回答者として、オーストラリア人は1人(ほぼイギリス人と同じ回答でした)、カナダ人は2人(アメリカ人の場合と同様、意見が分かれました)しか見つかりませんでした。

[イギリス英語の quite について]

各質問の英文は "medium degree" と "complete degree" のバランスを考えて作ってありますが、実際には quite は "medium degree" で使われることのほうが圧倒的に多いと言えます。非段階的形容詞・副詞、あるいは段階的でも very で修飾することのできない形容詞・副詞と較べると、通常の段階的形容詞・副詞のほうがはるかに数が多いからです。

また、これまでの説明では特に触れていませんが、「quite + 副詞」に関する質問も含まれています (quite fast, quite definitely, quite carefully, quite superbly)。「段階的程度」(gradability) や very による修飾の可否については、副詞も形容詞と同じように考えることができます。また、副詞を修飾する quite の意味変化の仕方も、形容

詞の場合と変わりません。上の例では、fast と carefully はともに通常の段階的副詞、definitely は非段階的副詞、superbly は段階的でも very で修飾することのできない副詞です。

[アメリカ英語の quite について]

　アメリカ人が quite の意味をどのように認識しているかについての結論は、読者のみなさんの判断に委ねたいと思います。どうも、これと言った明確な概念はなさそうですが、少なくとも、quite が日常的な段階的形容詞・副詞といっしょに使われると、たいていのアメリカ人は very に近いと感じるようです。ただし、質問 21 の回答から、quite good は very good と較べると、いくらか程度が低いと考えてよさそうです。

　結局、アメリカ英語には quite の意味についてのコンセンサスがないため、アメリカ人は quite をあまり使わないのかもしれません。あるいは、アメリカ人は quite をあまり使わないので、コンセンサスが成り立たないのかもしれません。

　なお、アメリカ人の回答者の中には 60 歳代の人が 2 人いて、彼らの回答はイギリス人の回答と非常によく似たものでした(といって、何の証明にもなりませんが)。

　いずれにしても、自信を持って言えることは、少なくともイギリス英語においては、修飾する形容詞・副詞の性質によって、quite の程度にかなりはっきりとした違いが現れてくるということです。

12. 副詞の用法(その7)

～程度を表す副詞 a little/bit と slightly を使い分ける～

「肯定的な」形容詞とは使いにくい

　a little, a bit および slightly は、"small degree"(低い程度)の副詞と呼ぶことができます。つまり、a little difficult なもののほうが rather difficult なものよりも難度は低いわけです。**これらの副詞を使って形容詞を修飾するときは、必ずと言っていいほど「否定的な」評価を下している**という点に注意してください。例えば、友人の携帯電話を指して **pretty** small と言えば、そのコンパクトなサイズを評価していると考えられますが、**a bit** small と言えば、携帯電話が望ましいサイズよりも小さいことを示唆しています (**somewhat** or **rather** small と言えば、通常その否定的な響きがさらに強くなります)。つまり、**本来肯定的な意味を持つ形容詞 (good, nice, beautiful, etc.) をこれらの副詞で修飾することは、あえて肯定的な形容詞を使って人やものを批判するような例外的な状況でない限り、難しい**ということです。例えば、いいかげんにやってきた宿題を提出しようとしている生徒が、はるかにいいものを仕上げてきた友達を見てちょっと癪に障ったとしましょう。そんなときその生徒は、次のように言って、友達の勤勉さに対する苛立ちを表現するかもしれません。

That's **a bit** good, isn't it?
ちょっとできすぎなんじゃない？

　しかし、一般的には、本来肯定的な意味を持つ形容詞を修飾するのに、「中くらいの程度」(medium degree) よりも低い程度の副詞を

使うことはできないのです。ホテルを fairly comfortable（快適なほうだ）とは言えても、(×) a little comfortable とは言えません。同様に、職場の同僚を fairly efficient（まあまあ有能だ）とは言えても、(×) slightly efficient とは言えないのです。fairly comfortable よりいくらかでも否定的な意味を持たせたければ、別の形容詞を使うか否定の構造にする必要があります。fairly comfortable よりも一段下のレベルは、a little uncomfortable や not particularly/very comfortable のようになります。

「否定的な」形容詞を修飾する場合

逆に、ridiculous, absurd, disgusting, revolting など、本来否定的な意味を持つ形容詞の中には、すべての範囲の程度の副詞を用いて（それでも例外はありますが）修飾できるものがあります。

- **completely/absolutely/totally/utterly** ridiculous（最も高い程度（complete degree））
  まったくばかばかしい
- **really/extremely** ridiculous（高い程度（high degree）──very が含まれていないことに注意（後述））
  実にばかばかしい
- **pretty** [etc.] ridiculous（中くらいの程度（medium degree））
  結構ばかばかしい
- **a little** [etc.] ridiculous（低い程度（small degree））
  ちょっとばかばかしい

これらの形容詞以外で、例えば、uncomfortable, inefficient, lazy, inconvenient などの否定的な意味を持つ形容詞は、「最も高い程度」（complete degree）を除く全レベルの副詞で修飾することができま

す。

- **very/really/terribly/extremely** uncomfortable
  非常に居心地が悪い
- **pretty** [etc.] uncomfortable
  かなり居心地が悪い
- **a little** [etc.] uncomfortable
  ちょっと居心地が悪い

「最も高い程度」（complete degree）を表す副詞によって修飾できるのは、very で修飾できない形容詞に限られます。したがって上の ridiculous は、very ridiculous とは言えないことになるわけですが、これは very delicious のように言えないのと同じです。この種の形容詞は quite (completely の意味における)や utterly などによる修飾が可能で、この点については形容詞を修飾する quite の項で詳しく検討しました（→ p. 51）。面白いのは、very ridiculous という言い方は非常に不自然であるのに、really ridiculous はそうではないという点です。extremely ridiculous はちょっと「怪しい」感じがしますが、それでもまったく不可能ではないと思います。そうしてみると、really と extremely の程度は very の程度よりも "complete degree" に近いと言えそうです。

「中立的な」形容詞と「低い程度」の副詞

　small, big, cold, hot, narrow, wide, easy などの、肯定的評価も否定的評価も下せる中立的（neutral）な形容詞（difficult はほとんど常に否定的なニュアンスを持つためこの範疇には含まれません）を修飾する場合、"small degree"（低い程度）の副詞は、冒頭でも触れたように、話し手の否定的な見方を表しています。自分の教える学生が

a little talkative だと言う先生は、おしゃべりであることを学生の好ましい特性とはみなしていないことになります。

a little/bit, slightly と形容詞の位置

a little と **a bit** は叙述的な位置にある形容詞としかいっしょに使うことはできません。

(×) The lecture was held in a bit cold room.
(○) The room was **a bit** cold.
　　その部屋はちょっと寒かった。

それに対して **slightly** は、限定的、叙述的いずれの位置にある形容詞とも使うことができます。

- The house was **slightly** airless.
　その家はやや風通しが悪かった。
- It was a **slightly** airless house.
　少し風通しの悪い家だった。

なお、**a bit** はくだけた表現ですので、改まった文章の中では使わないほうがよいということも覚えておいてください。また、**a little** と **bit** は同時に使用することも可能です（**a little bit** warm）。こちらもくだけた表現ですが、意味は a little または a bit と同じです。

比較級や動詞といっしょに使われた場合

「低い程度」（**small degree**）を表す副詞が比較級や動詞とともに使われた場合、その副詞は必ずしも否定的評価を表しているとは限り

ません(ただし、本来肯定的な動詞といっしょに使うと不自然になる点は同じ)。次のような文は、「暑さ(暑いこと)」「速度(が速いこと)」「くつろぎ」に対する話し手の否定的感情を示すものではありません。

- It was **slightly** hotter than it was yesterday.
  きのうより少し暑かった。
- Why don't you drive **a bit** faster?
  もう少し速く運転したら？
- I think we should relax **a little** before we carry on.
  続ける前に少し休まないか。

動詞修飾に関してはさらに次の点に注意してください。

① **a little と a bit は修飾する動詞のあとにくる。**

(×) I think we should a little relax before we carry on.

② (**a**) **動詞のあとにきた場合、a little と a bit は、"to a small degree"(わずかな程度)を表すこともできるが、むしろ "for a short time"(しばらくの時間)の意味になることが多い。**

上の I think we should relax **a little** ... という文がその例です。一方、

(**b**) **slightly は "to a small degree"(わずかな程度)の意味しか表さない。**

そのため、動詞修飾では、slightly よりも a little, a bit のほうがはるかによく使われています。

〈"for a short time" の例〉
- (○) We swam **a little** before lunch.
- (×) We swam slightly before lunch.
  昼食の前に少し泳いだ。
- (○) I played golf **a little** when I was younger.
- (×) I played golf slightly when I was younger.
  若い頃少しゴルフをした。
- (○) He talked **a bit** about his childhood.
- (×) He talked slightly about his childhood.
  彼は子供の頃のことを少し話した。
- (○) Our children watch TV **a bit**, but not as much as other kids.
- (×) Our children watch TV slightly, but . . .
  うちの子供たちは少しはテレビを見るが、ほかの家の子供ほどではない。
- (○) I decided to drive **a bit** to clear my head.
- (×) I decided to drive slightly to clear my head
  頭をすっきりさせるためにちょっとドライブすることにした。
- (○) I have to work **a little** this weekend.
- (×) I have to work slightly this weekend
  週末は少し仕事をしなければならない。

〈"to a small degree" の例〉
- (○) I disagree with you **a little** on this point.
- (○) I **slightly** disagree with you on this point.
  その点にはちょっと賛成しかねます。
- (○) He annoyed me **a bit**.
- (○) He **slightly** annoyed me.
  彼にはちょっといらいらさせられた。

- (○) The concert disappointed me **a little**.
- (○) The concert **slightly** disappointed me.
 そのコンサートには少しがっかりした。
- (○) You should change/adjust/increase [etc.] this **a bit**.
- (○) You should change/adjust/increase [etc.] this **slightly**.
 少し変えた・調節した・増やしたほうがいい。
- (○) The proposal only interested me **a little**.
- (○) The proposal only interested me **slightly**.
 その提案にはわずかしか興味を持てなかった。
- (○) I only know him **a bit**.
- (○) I only know him **slightly**.
 彼のことは少ししか知りません。

　slightly が使える上記 6 つの例文のうち、1 つを除いてほかはすべて話し手の否定的反応を表していることがわかります。最後の 2 つの例では、only の存在が文に否定的なニュアンスを与えています。どちらの例も only がなければ奇異に響くでしょう。すでに述べた形容詞修飾の場合と同様、英語では、本来肯定的な動詞を "small degree" の副詞で修飾することも、自然ではないのです (日本語でも同じような例があると思います)。ですから、

　Jill likes Jack a little/slightly.

は非常に不自然に聞こえます。これは通常、

　Jill doesn't like Jack very much.

のように表します。この例は日本語の用法とも通じる部分があるのではないでしょうか (「ジルはジャックのことを少し好き」 vs.「ジルは

ジャックのことをあまり好きじゃない」）。

「1 つを除いて」と書きましたが、その例外とはもちろん、You should change/adjust/increase ［etc.］ this a bit/slightly. です。「変化」（change）の概念は必ずしも否定的というわけではありません。a little/bit と slightly は、change のほかにも、adjust, increase, decrease, rise, fall, accelerate, improve, decline, deteriorate など、**「ある種の変化」を示すいかなる動詞とも結びついて、「わずかに ... する」という意味を表す**ことができます。

③　a little と a bit が他動詞のあとにくる場合、それらはその動詞の目的語である。

この場合、a little/bit は副詞ではなく代名詞で、a lot の反対の意味を表しています。

- We ate **a little** before we left.
  私たちは出発する前に少し食べました。
- Can you spare **a little** for charity?
  チャリティに少し寄付してくれないか。

それぞれの代名詞が何を指しているかはわかりますね。最初の例では食べ物、次の例ではたぶんお金です。a little の代わりに slightly が使えないことは言うまでもないでしょう。

13. 副詞の用法（その8）

~hardly の「否定度」について~

「完全な否定」を表さない場合

hardly は "negative degree adverb"（否定を表す程度の副詞）と呼べるものですが、それはこの語が not や同等の否定語を含む表現によってしばしば書き換え可能であるためです。

- We **hardly** ate anything [We ate **hardly** anything] at the reception.
  → We ate almost nothing at the reception.
  レセプションで私たちはほとんど何も食べなかった。
- There are **hardly** any seats left for tonight's performance.
  → There are almost no seats left for tonight's performance.
  今晩の公演は空席がほとんどない。
- **Hardly** anyone agrees with him.
  → Almost no one agrees with him.
  彼に賛成の人はほとんどいない。
- I **hardly** ever see him these days.
  → I almost never see him these days.
  このところ彼とはまったくと言っていいほど会っていない。
  (hardly ever は seldom や rarely と意味が似ていますが、**hardly ever** see him と言えば、**seldom/rarely** see him よりも「会う」回数は少なくなります)

とはいえ、書き換えられた文が almost を含むことからもわかるよ

うに、hardly の否定性を強調しすぎるのは少々危険です。We hardly ate anything... とは、実際には食べたことは食べたが、非常に少なかったという意味であり、Hardly anyone agrees with him. は、何人かは(少なくとも1人は)賛成だが、それでもきわめて少ないという意味です。

hardly, scarcely, barely の使用頻度について

scarcely と barely はたいてい hardly とセットで扱われていて、現にこの3つの副詞はしばしば置き替え可能です。ただし hardly と較べると、scarcely と barely は使用頻度がずっと低くなります。

『コリンズ・コウビルド英語辞典』は語の使用頻度を見出し項目の横に黒い菱形マークで示し、使用頻度の高いものから順に菱形5つ〜0(表示なし)と分類しています。この辞書(2001年度版)によれば、上位2つのグループ(菱形5つと菱形4つ)に分類される語がすべての話し言葉・書き言葉を合わせたうちのおよそ75パーセントを構成しているとあります。つまり、日常聞いたり読んだりするあらゆる英語の75パーセントがこの2つのグループに属する約1,720の見出し語から成り立っていることになります。残りの20パーセントはほかの3つのグループ(菱形3つ〜1つ)に属する約12,880の見出し項目に含まれる語、さらに残りの5パーセントは使用頻度が非常に低いため上の5つのグループのどれにも含まれない語ということになります。

この分類において、hardly には4つ、barely には3つ、scarcely には2つの菱形マークが与えられています。そのうち scarcely と barely ではどちらの使用頻度が高いと思うかと尋ねられれば、私ならおそらく逆の判定を下すでしょうが、少なくともこの分類は、hardly がほかの2つの語よりもよく使われているという私の印象が正しいことを裏づけてはいます。anything, any, anyone, ever とともに使われている冒頭例文の hardly を scarcely, barely に置き換えると、お

そらく少し不自然な印象を与えるでしょう（もっともその気になって探せば用例を見つけ出すことも難しくはないでしょうが）。

　一方、動詞を修飾する場合には、この3つの副詞は置き替えが容易になり、次の例文ではそのうちのどれを使っても問題はないと思います。ただし、この場合も使用頻度は hardly がほかの2つを上回っているようです。

(1) I hear Tom has asked Sally to marry him, even though they **barely** know each other.
お互いにあまりよく知らないのにトムはサリーに求婚したんだって。

(2) Jake had **scarcely** answered the phone before/when his boss started shouting at him.
ジェイクが電話に出るやいなや上司は怒鳴りつけた。

(3) We **hardly** slept last night because of the construction work going on outside.
外で建築工事があって、昨晩、私たちはほとんど眠れなかった。

(4) The reports were supposed to be handed in yesterday, but most of the students have **hardly** started writing them.
レポートの提出期限はきのうだったが、大半の学生はまだ書き始めたばかりだった。

　この3つの副詞は、例文 (2) と (4) では only just（ほとんど同時に）で、例文 (1) と (3) では(ある程度の調節も必要ですが) not really（あまり...ない）で、それぞれ言い換えることが可能ですが、ここでもこれらの文の否定性を強調しすぎないことが重要です。それぞれ、(1) トムとサリーは確かに知り合いなのだが互いをよく知っているとはとても言えない、(2) ジェイクは実際には電話に出たが、それは上司に怒鳴られるのと only just（ほとんど同時、すなわち「電話

に出てすぐに」)だった、(3) 私たちは眠ることは眠ったが、とうてい十分な睡眠とは言えない、(4) 学生たちはレポートを書き始めてはいるが、たった今始めたばかりだ、という意味になります。

「...するやいなや」の構文について

上の例文 (2) は、学生のあいだでよく知られるパターンの文ですが、この種の文には必ず過去完了形を用いなければならないことは、読者のみなさんもすでにご存知でしょう(『日本人の英文法』12 章参照)。また、このパターンでは、主語と助動詞の倒置が可能で、そのような倒置文がごく自然な文として使われていることも、周知のとおりです (**Scarcely** had Jake answered the phone before/when...)。

通常この文と一括できるものに、次のようなパターンがあります。

- no sooner ... than ...

  No sooner had Jake answered the phone **than** his boss started shouting at him.

- the moment/second/instant ...

  The moment Jake answered the phone, his boss started shouting at him.

- as soon as ...

  As soon as Jake answered the phone, his boss started shouting at him.

ここで注意したいのは、Scarcely...を含むこの 4 つのパターンの中で唯一、**as soon as だけが感情的に中立である**という点です。それ以外の 3 つパターンは、ふつう**直後に起こる出来事が意外だったか、あるいは望ましい出来事ではなかった**、ということを示しています(ただし、the moment/second/instant... ではこの感じがほかの 2 つ

よりも弱くなります)。したがって、

> **As soon as** he arrived at the office, he sat down at his desk and started work.
> 会社に着くとすぐに彼は机に座って仕事を始めた。

といったごく日常的な光景を記した文に as soon as 以外のパターンを使うのはあまり自然ではありません。もちろん、座って仕事を始めるという行為が会社到着後すぐに生じた意外な、あるいは望ましくない出来事であるということを伝えたいのであれば別ですが。

〈difficult の意味の hardly〉+ 動詞について

　英語を学び始めて間もない人によく見られる、無理もない誤りの1つは、hardly を形容詞 hard の副詞形として使ってしまうことです。

(×) I knocked hardly on the door.

　この種の初歩的な誤りは本書で改めて指摘すべきことではありませんが、しかし、形容詞 hard と副詞 hardly のあいだには、difficult (難しい)という意味においては確かに関連があります。それはとりわけ、文中の動詞が助動詞 can を伴う場合です——これを**「タイプ ①」の文**とします。

(1) When I heard my daughter had got into Tokyo University, I **could hardly** believe the news.
    娘が東大に合格したと聞いたときは、ほとんど信じられない思いだった。
(2) I was so surprised I **could hardly** speak.

あまりの驚きに口もきけないほどだった。
(3) Your handwriting is so bad that I **can hardly** read what you have written.
あなたの字はひどすぎて読めないくらいだ。
(4) The two twins are so alike that you **can hardly** tell them apart.
その双子はそっくりで見分けがつかないくらいだ。

何年もの教職経験から私の辿り着いた結論では、多くの日本人がこの種の文を誤解しやすいのは、hardly の否定性を過大に解釈しているためです。私が以前使用していた英作文のテキストに、次のような文を見つけました。

トムは 18 歳だと言っているが、とても信じられない。

模範解答には、

Tom says he is 18, but I can hardly believe it/him.

とあります。私の誤解であればお許しいただきたいのですが、「とても信じられない」はむしろ I don't believe it/him at all や it's totally unbelievable に近いような気がします(イントネーションや状況にもよるかもしれません)。一方、I can hardly believe it/him のほうは、it is extremely **difficult** for me to believe it/him (**but** I do believe it/him)(それを信じるのは非常に難しい――が、でも信じる)という意味になります(上の例文 (1) も同様の言い換えが可能)。

上の例文 (2) (3) (4) も同じような言い換えが可能ですが、大切なのは、**このような文における can hardly はけっして cannot と同じではない**ということです。つまり、(2)「私」は実際には口がきけた

が、きわめて難しかった、(3) 話し手はその筆跡を読めないことはないが、大変な困難を伴う、(4) you (「あなた」ではなく、人々一般をさします)は双子の見分けがつかないわけではないが、それでも非常に難しい、といった意味なのです。

なお、この4つの文の hardly はどれも scarcely または barely と交換可能です。ただし、scarcely, barely の使用頻度は、すでに述べたとおり、hardly よりも低くなります。

「完全な否定」を表す場合

hardly には、しかしながら**「完全な否定」**を表す用法も存在します。はじめに形容詞または名詞とともに使われている例を見てみましょう。

- It's **hardly** surprising that you failed the exam.
  君が試験に落ちたのは別に驚くことではないよね。
- He may be a very nice person, but he's **hardly** suitable as a husband for you.
  彼はとてもいい人かもしれませんが、あなたの夫としてはどう見てもふさわしくありませんね。
- It was **hardly** the most exciting party we've ever been to, was it?
  今まで私たちが出席した中で一番素敵なパーティだったなんてとても言えないよね。
- That's **hardly** the kind of mistake an advanced student would make.
  上級クラスの学生がする間違いとは思えませんね。
- That was **hardly** an appropriate thing to say.
  それは適切な発言とは言えなかった。

どの文の hardly も、**意図するところは not ですが、hardly を使うことで否定の感じを和らげています**。例えば最初の例で話し手が言いたいのは、聞き手が試験に落ちたのは別に驚くことではない (it is not surprising) ということですが、**同時に相手を説得して自分の考えに同意させたいとも思っています**。この種の文のあとにはよく after all で始まる何らかの説明文が続くことがあります。

- It's **hardly** surprising that you failed the exam. **After all**, you were sick in bed for three months last year.
  君が試験に落ちたのは別に驚くことではないよね。なにしろ、去年は病気で 3 ヵ月も寝ていたんだもの。
- He may be a very nice person, but he's **hardly** suitable as a husband for you. **After all**, he didn't even go to university.
  彼はとてもいい人かもしれませんが、あなたの夫としてはどう見てもふさわしくありませんね。だって、大学にさえ行ってないんですもの。(あくまで例文であって、私がこのような考え方に共鳴しているわけではありません!)

　これらの例文には、**話し手の発言に同意できないとすれば、それは道理に合わないであろう**、といった意味が込められています。この点はのちほど重要になってきますので、ここで覚えておいてください。
　「説得」のために否定の感じを和らげるというこの方法は、形容詞や名詞だけでなく、動詞に対しても有効です——これを**「タイプ ②」の文**とします。

- One could **hardly** describe the town as beautiful.
  その町を美しいだなんてとうてい言えないでしょう。
- You can **hardly** expect me to agree with you on that point.
  その点について私に同意してもらおうと思っても、それはちょっと

無理ですよ。
- I can **hardly** give you information that is confidential.
  機密情報を教えるなんてとてもできません。
- The President can **hardly** comment on such a sensitive matter.
  そんな微妙な問題には、大統領もまさかコメントはできないでしょう。
- I **hardly** think this is something we should talk about in front of the children.
  子供の前で話していいことじゃないでしょう。

「タイプ ①」の文と「タイプ ②」の文を見分ける方法

p. 177 で説明した I could hardly believe the news. のような「タイプ ①」の文(「完全な否定」ではなく「難しい」ことを表す文)と、上の「タイプ ②」の文(「完全な否定」を表す文)を区別することは一見容易でないと思われるかもしれません。両者を区別する1つの方法は、hardly を barely と置き換えてみることです。置き換えて問題がなければ「タイプ①」の文になります。この判別法が可能なのは、**barely が「完全な否定」を表すことはけっしてない**からです。ただしこの判別法は、barely で置き換えた文が自然かどうかを判断できなければ役に立たないため、残念ながらネイティブスピーカーでなければ使うことは難しいでしょう(ネイティブスピーカーならこの方法を使う必要すらないでしょうが)。

しかし少なくとも、barely が使えるのは「タイプ①」の文であって、One could hardly describe the town as beautiful のような「否定」の文(「タイプ ②」の文)ではないということは、知っておいて損はないと思います。一方、**scarcely はどちらのタイプでも使用可能**です。

では、hardly の2つの意味は、ほかにどのようにして判別すればよいのでしょうか。hardly の意味は、hardly を含む文の意味——話し手は相手を説得し同意させようとしているのか(タイプ②)、それともたんに事実を述べているだけなのか(タイプ①)——を考えてみればふつうははっきりすると思います。それでも曖昧な場合は、次のように **unreasonable を使って言い換えてみる**以外、区別する方法はなさそうです。

〈タイプ②の文——完全な否定〉

- One could **hardly** describe the town as beautiful.
  → It would be **unreasonable** to describe the town as beautiful (and therefore one cannot do so).
  その町のことを美しいなどと言うのは無理がある(したがって、そうは言えない)。

- You can **hardly** expect me to agree with you on that point.
  → It would be **unreasonable** to expect me to agree with you on that point (and therefore I do not).
  その点で私があなたに同意するなどと思うのは無理がある(したがって、同意しない)。

- I can **hardly** give you information that is confidential.
  → It would be **unreasonable** of me to give you information that is confidential (and therefore I will not).
  機密情報を教えるとすれば、私はまともではない(したがって、教えることはできない)。

- The President can **hardly** comment on such a sensitive matter.
  → It would be **unreasonable** of the President to comment on such a sensitive matter (and therefore he will not).
  そんな微妙な問題にコメントするとしたら大統領は思慮が足りない

ということになる(したがって、コメントしないでしょう)。
- I **hardly** think this is something we should talk about in front of the children.

  → It is **unreasonable** to consider this to be something we should talk about in front of the children (and therefore we should not).

  これを子供たちの前で話していいことだと考えるのはおかしい(したがって、話すべきではない)。

この方法を「タイプ ①」の文(「完全な否定」ではないが「難しい」)に当てはめてみます。

- When I heard my daughter had got into Tokyo University, I could **hardly** believe the news.

  → (??)It was <u>unreasonable</u> of me to believe the news(, so I didn't).

  その知らせを信じていたとしたら私はどうかしていたことになる(だから信じなかった)。
- I was so surprised I could **hardly** speak.

  → I was so surprised that it was <u>unreasonable</u> of me to speak(, so I didn't).

  とても驚いたので口をきくなんてまともではなかった(だからそうしなかった)。──意味不明。
- Your handwriting is so bad that I can **hardly** read what you have written.

  → It is <u>unreasonable</u> of me to read what you have written(, so I won't).

  あなたの書いたものを判読できるなんておかしい(だから読まない)──意味不明。

- The two twins are so alike that you can **hardly** tell them apart.
  → It is <u>unreasonable</u> of people to tell them apart(, so they don't).
  2人を区別できるなんてどうかしている(だから区別しない)——意味不明。

unreasonable を「タイプ ①」の文に当てはめた上記例文のうち 2〜4番目の文が意味をなしていないことは一目瞭然(?)です。しかし 1番目の例文はどうでしょう——そう、この文は確かに「微妙」なのです。例えば、

I can **hardly** believe that he would say something like that.

のような文は、「タイプ ②」の文としても容易に解釈可能です。

It would be **unreasonble** of me to believe that he would say something like that(, so I don't believe it).
彼がそんなことを言ったと本当に信じるとしたら、私はどうかしていますよね(だから信じない)。

そして「タイプ ①」の文としても十分通用します。

It is extremely **difficult** for me to believe that he would say something like that (**but** I do believe it).
彼がそんなことを言ったと信じるのは非常に難しい(でも、信じる)。

このような文の場合には、イントネーション(話し言葉の場合)や前後関係(話し言葉および書き言葉)から判断する必要があります。特に

イントネーションは大きな手がかりとなります。もしも hardly にストレスがあれば、「タイプ②」の文と考えてほぼ間違いないでしょう。一方、believe にストレスがあればおそらく「タイプ①」の文です。前後関係から判断する場合には、「彼がそんなことを言ったと本当に信じるとしたら、私はどうかしているのではないか」と、話し手が相手に説得しようとしているかどうかを考えてみてください。

「東大」の例に目を戻せば、「娘の東大合格」という情報は news として提示されているため、当然、事実であるはずです。つまり、娘の合格は予想外の出来事であったにせよ、彼女は実際に東大に合格したということです。さらに、話し手が相手の同意を求めているといったニュアンスはこの文からはまったく感じられません。よって、この文は「タイプ①」の文と考えるのが妥当でしょう。

almost

「ほとんど」という日本語が出てきたついでに、副詞 almost についても簡単に触れておきましょう。

♦ 単独では名詞を修飾できない

almost には**副詞としての用法しかないため、名詞を単独で修飾することはできません**。英作文の授業でよく見かける (×) Almost people ... のような間違いはこの点をよく理解していないことが原因です。

この種の誤りに、「ほとんどの」という日本語の使い方が関わっていることはまず間違いないでしょう(もっとも、Almost people ... と較べると、Almost of people のような間違いはだいぶ少ないようですが)。さらに、

- It is **almost** summer.

もう夏と言ってもいい。
- It was **almost** a disaster.
それは大災害と言ってもよかった。

といった文が成立するという事実や(この almost が修飾しているのは名詞ではなく**動詞の be** です)、次のように、「**数字＋名詞**」、「**数を表す限定詞＋名詞、または数量詞＋名詞**」(特に **no(ne)** と **all**)、あるいは、「**every- や no- で始まる不定代名詞**」の前に almost が使えるという事実も、上のような誤りと関係があるのかもしれません。

- There were **almost a hundred paintings** on display.
100 枚近くの絵が展示されていた。
- **Almost all (of) the paintings** were sold on the first day of the exhibition.
ほぼすべての絵が展示会初日に売れてしまった。
- Ichiro has done **almost none of the things** I asked him to do.
一郎は私が頼んだことをほとんど何もしてくれていない。
- **Almost no one** was interested in the idea of a staff outing.
社員旅行にはほとんど誰も興味を示さなかった。
- I think we've finished **almost everything**.
だいたい全部終わったと思います。

　Almost people... は、Almost all people... か Almost everyone... にすれば正しくなります。ただし、どういった種類(職業)の人たちであるか(例えば、Almost all students/politicians...)を明示したくないとか、明示する必要がないといった状況では、なるべく Almost everyone... を用いるようにすべきでしょう。
　また、most を使って Most people/most students... とすること

も可能ですが、almost all のほうが all に近いと言えます。両者の違いをあえて数値で示せば、most students は 80〜90 パーセント、almost all students は 95〜99 パーセントといったところでしょうか。

♦ 動詞修飾の almost

動詞を修飾する almost の解釈の仕方にも若干問題が見られます。例えば、

- I **almost** hit him.
  彼を殴りそうになった。
- Kate **almost** married me.
  ケートはもう少しでぼくと結婚するところだった。

と言えば、その行為は「もう少しで起こるところだったが、実際には**起こらなかった**」という意味です。

♦ nearly

nearly は almost に非常に近い語です。上に挙げた例文のうち、none と no one を含む例文以外はみな、almost を nearly で置き換えることができます ((×) <u>nearly</u> none, (×) <u>nearly</u> no one)。文意は変わりません。

ただし、両者には用法上の違いが2つあります。

まず、nearly はしばしば **as 〜 as ...** や **enough** を伴う文中で、**not** のあとにきて意味を強める働きをします。

- My new car is**n't nearly as** expensive to run **as** my last one.
  ((×) isn't almost)
  私の新車は前の車に較べるとずっと燃費がいい。

- The play was**n't nearly as** good **as** we expected.
  ((×) wasn't almost)
  その芝居は私たちが期待していたものには程遠かった。
- There are**n't nearly enough** days in a week for the amount of work we have to do. ((×) aren't almost)
  私たちがしなければならない仕事の量は、とうてい１週間でこなせるものではない。

もう１つの違いは、**nearly は very による修飾が可能だが almost は不可能である**という点です。

- Harumi was **very nearly** late for her own wedding.
  晴美は自分の結婚式にもう少しで遅れるところだった。
- We **very nearly** forgot to switch the gas off before we left for our vacation.
  私たちはもう少しでガスを止めるのを忘れたまま休暇へ出かけるところだった。

14. 副詞の用法(その9)

~too と enough を使い分ける~

too と enough は、次のようにペアで取り上げられることも少なくありません。

- John was **too** short to reach the top shelf.
- John wasn't tall **enough** to reach the top shelf.

しかし、この2文をあの恐るべき「=」(イコール)記号で結ぶのは誤解のもとです。ジョンの手が一番上の棚に届かなかったという事実も、その理由も、両者は確かに共通していると言えるかもしれません。しかし、2つの英文を較べてみると、実は最初の文のほうがずっと否定的(negative)な状況を表しているのです(この2つの例文については、本項の最後でもう一度触れます)。

too

日本人にとって、too 自体が問題となることは少ないと言えます。too の機能は日本語の「すぎる」の機能とおおむね一致しているように思われるからです。両者の明らかな違いは、**too は副詞や形容詞を修飾するためにのみ使われる**ということ、すなわち、単独では動詞を修飾できない、ということぐらいでしょう。

しかし、それ以外にも微妙なニュアンスの違いはあるようです。私は昔、日本人の友人を連れて、コッツウォルド(イングランド南西部 Gloucestershire にある丘陵地帯)の Lower Slaughter という村を案内したことがあるのですが、その際、彼がその風景を評して言った

「美しすぎる」という日本語に少し戸惑ったのを覚えています。同じ状況で英語の too beautiful は使えないとまでは言えないにしても、言葉を足して意味を明確にしなければかなり奇妙に響くからです。

『コリンズ・コウビルド英語辞典』を見ると、too の意味は、

> . . . that there is a greater amount or degree of something than is desirable, necessary, or acceptable
> あるものの量や程度が、望ましくないほど、必要以上、あるいは受け入れられないほどであること。

と出ています。つまり、**too には根本的に否定的な意味合いがある**ということです。

この定義において、desirability（望ましさ）と acceptability（受け入れやすさ）はかなり重複していると言えます。例えば、私が息子の髪を too long だと言えば、息子は、父親の古臭いものの見方からすると自分の髪の長さは undesirable である、と解釈するか、もしくは、世間の慣習、校則などの点から見てそれは unacceptable である、と解釈するでしょう。同様に、今出されたばかりのコーヒーを too hot だと私が言えば、それはそのコーヒーが desirable な温度を超えているという意味か、私の舌には acceptable でないほど熱いという意味になります。後者の場合、当然ながら私はそのコーヒーを飲むことができません。

実は、この後者の意味が重要なのです。つまり、too は "impossible"（不可能）を表すことが非常に多いということです。その意味は冒頭に示した例文にも現れています。

> John was **too** short to reach the top shelf.
> (it was impossible for him to reach the top shelf（一番上の棚に手を届かせることは不可能だった）という意味)

この文はまた、『コウビルド英語辞典』の ...than necessary という定義に対する例証にもなります。

John was shorter <u>than necessary</u> to reach the top shelf.

(下線筆者)

ご想像のとおり、too が impossible の意味を表すのは、とりわけ too のあとに不定詞が続いている場合です。例えば、私が This coffee is too hot. と言えば、それは多くの場合、私の好みよりも (than desirable) 熱いという意味を表すだけですが、一方、This coffee is too hot for me **to drink**. と言えば、それは明らかに「飲めない」(it is impossible for me to drink) という意味になります。

これと似たような例は、You're driving too fast. です。この言葉によって私の妻が伝えようとしているのは、私の運転が恐い (the speed is greater <u>than she finds desirable</u> (彼女が望ましいと思うスピードより速い))ということか、スピードが制限速度を超えている (I'm driving faster <u>than is legally acceptable</u> (法的に許される速度よりも速い))かのいずれかであると考えられます。それに対して、彼女が You're driving too fast for us **to see the scenery**. と言えば、「そんなに速いスピードでは車に乗っている私たちは景色を楽しむことができない (impossible)」という意味になるでしょう。もちろん、前後関係から impossible の意味であることが明白な場合には、必ずしも不定詞を伴う必要はありません。それは、行動や身振りから意味が明らかであれば、This coffee is too hot. が容易に I can't drink it. を表しうるのと同じです。

このような説明は多くの場合、日本語の「すぎる」にも当てはまると思われますので、これ以上退屈な例を挙げるのはやめておきましょう。ただし、先ほどの「美しすぎる」については、多少説明を補足しておく必要がありそうです。

◆ too big と「でかすぎる」

　ある日本の旅行代理店が、一時期、アメリカでの観光旅行のテレビコマーシャルを放映していたことがあります。「うつくしすぎる」の前にまずその話から始めましょう。このコマーシャルは、日本人の若者数人がアメリカでの経験について語るという設定なのですが、その中に、彼らの1人がグランドキャニオンのことを「でかすぎる」と表現する場面があります。

　仮にこの日本語を、too big とか too large などとそのまま英訳してしまうと、若者の言いたいことを明らかに誤訳していることになります。なぜなら、too には根本的に否定の意味合いがあるからです。何かが too big (bigger than desirable/acceptable) であるという言い方は、それが好きでないとかそれがよいとは思わないといった意味で使うぶんにはかまいませんが、コマーシャルの中で若者がグランドキャニオンのことを「でかすぎる」と表現している場面は、明らかにこれとは別の状況です。その若者はどう見ても、グランドキャニオンの大きさに感動している様子でしたので。また、彼の発言には、グランドキャニオンが大きいがために何かが impossible であったと感じさせる部分もありませんでした。仮にそのような部分があったなら too を使うことも可能です(例えば、It is too big to explore in one day. (それはでかすぎて1日で見て回ることはできない)といった含みがある場合)。

　否定的なコメントをするつもりで、グランドキャニオンの大きさに too big という訳語を当てる場合、このように impossible な部分 (. . . to explore in one day) を何らかの方法でわかるようにしなければ、ネイティブスピーカーは当惑してしまうと思います。too big だけでは、自然の地形というものがなぜ bigger than desirable/acceptable になりうるのか想像しにくいからです。携帯電話やテレビなら、too big だけでも、どうして大きすぎることが望ましくないのか容易に想像がつきます——too big な携帯電話は持ち歩きにくい、too big

なテレビはリヴィングルームの場所を取りすぎる...。しかし、グランドキャニオンの場合はどうでしょう。広場恐怖症 (agoraphobia) の人からすれば確かにそこは larger than desirable かもしれませんが、それは too big にあえて意味を持たせようとした強引な解釈にすぎません。

♦ too beautiful と「うつくしすぎる」

big と large は、それ自体では話し手の側の肯定的感情も否定的感情も表さないという点で、情緒的に中立な形容詞であるのに対して、beautiful は「価値」(value) を表す形容詞です。したがって、あるものを beautiful と描写するとき、それは話し手の肯定的感情を表現しているのがふつうです。同様に、あるものを boring と言えば、否定的評価を下していると考えてほぼ間違いありません。**このような「価値」を表す形容詞に単独の too を用いることは、(不可能ではないにせよ) かなり珍しい**ことです。理由は単純で、何かを too beautiful と言う場合、なぜそれが more beautiful than desirable/acceptable になりうるのか想像しにくいからであり、何かを boring と言う場合、それは too をつけるまでもなくすでに undesirable/unacceptable だからです。

ただし、**to 不定詞を加えて impossible の意味を持たせれば**、too の使用可能な状況が生じます。例えば、押し入れの中でスペースを取りすぎている古い絵は、「美しすぎて捨てるには惜しい」(too beautiful **to throw away**) ものかもしれませんし、PTA の会合で、あなたの娘の担任がした話は、「退屈すぎて 5 分以上聞いていられるものではなかった」(too boring **to listen to for more than five minutes**) かもしれません。私自身も、ある学生の提出したエッセイを見て、その学生に「あまりにできすぎていて自分で書いたものとは思えない」(too good for him **to have written it himself**) と言わざるをえなかったことがあります。

したがって、Lower Slaughter に対する友人の「美しすぎる」という言葉を、もし私が too beautiful という表現を使って訳しえたとすれば、それは、美しさのあまり何かが impossible だったという言い方をする以外になかったでしょう。では、何が不可能であったか——例えばそれは、「信じること」(すなわち、too beautiful **to believe**) だったかもしれませんし、あるいは、「言葉で言い表すこと」(すなわち、too beautiful **to describe**) だったかもしれません。しかし、おそらく、それ以上にこの友人の言葉にふさわしいのは、incredibly beautiful や stunningly beautiful ではないでしょうか。同様に、「でかすぎる」に対する英訳も、unbelievably huge や vast beyond belief などが適当でしょう。

◆ **not too**

too は否定語のあとに置かれることも少なくないのですが、その機能はこれまでの説明とは異なるものです。

- A: How was your trip?
  B: **Not too** bad.
  A: 旅行どうだった。
  B: まあまあだったよ。
- I hope to see you again in the **not too** distant future.
  近いうちにまたお会いできればと思います。
- I'm **not too** interested in botany.
  私は植物学にはあまり興味がない。
- He does**n't** appear to be **too** pleased about it.
  彼はそのことをあまり喜んでいないようだ。

いずれの場合も、**話し手の真意は、使われている形容詞とは反対のところにあります**。I'm **not too** interested in botany. は、実質

には、I'm not at all interested in botany.（植物学にはまったく興味がない）ということです。ただし、前者のほうが後者よりも**否定の感じがずっと弱い**という違いはあります。このかたちは一般に、**丁寧な物言いをしたいとき**（I'm **not too** keen on the idea of going there. のほうが、I don't want to go there. よりもずっと控えめです）や、**言い方に注意したいとき**（He does**n't** appear to be **too** pleased about it. のほうが、He's very angry about it. よりもはるかに安全な言い方です）、あるいは、次のように、**皮肉を言いたいとき**などに使われます。

He is**n't too** good at math.
彼は数学があまり得意でないようだ。

最後に、too の例外的な用法を 2 つほど挙げておきます。

(1) That's **too** bad.
 それは残念ですね・お気の毒ですね。
(2) You have really been **too** kind.
 本当にどうもありがとうございました。

例文 (1) は、特にアメリカ英語の会話でよく使われるイディオムで、That's a pity. や That's a shame. と同じ意味です。この shame は「恥」とは何の関係もないことに注意してください（ひょっとすると関係あるのかもしれませんが、That's a shame. を日本語にするときに「恥」はけっして使わないように）。

例文 (2) は、too が kind, nice, hospitable, helpful などごく一部の形容詞と結びついて、感謝の気持ちを表す例です。too kind は、基本的には kinder than acceptable という意味です。つまり、相手から過度とも言える親切を受ける人は、その親切の度合いが通常より

はるかに大きいため、それを受ける資格がない(実際にはまず受け入れるにせよ)と感じているわけです。ただしこの用法は、今では大半のネイティブスピーカーに古めかしいと感じられるものでしょう。

enough

日本人の enough の使い方に問題があると感じたのは、あるテキストに次のような日本文と、その模範解答の英訳を目にしたときでした。

太郎は一生懸命勉強して、試験に合格した。
Taro studied hard enough to pass the exam.

英文の意味は日本文の意味とはずいぶん違ったものになっています。
上の(誤)訳における enough は言うまでもなく副詞です。副詞の enough は、too と同じように**他の副詞や形容詞を修飾することができます**が、too とは違って**動詞を修飾することも可能**です。

I liked the plate the salesman showed me, but I didn't like it **enough** to want to buy it.
セールスマンが見せてくれた皿は、気に入ったが買いたいというほどではなかった。

さらに、too とは異なり、副詞の enough は**常にそれが修飾する副詞や形容詞(あるいは動詞)のあとにきます**。
もちろん、このような enough の構文上の「しくみ」(mechanics)については、読者のみなさんもすでによくご存知でしょう。上で「問題がある」としたのは、enough の「解釈」(interpretation)の部分です。

◆enough と「十分」の差

　enough の訳語としてたいていの日本人が最初に思い浮かべるのは、「十分(に)」ですね。後述するように、この日本語がふさわしいケースも確かにありますが（→ p. 202)、実際には**そうでないケースのほうが多い**と言えます。さらに、enough は上の太郎についての例文における「一生懸命」の訳語としても不適当です（想像するに、このテキストの著者は、「一生懸命」は「十分に」の意味を広げたものにすぎないと考えたのではないでしょうか）。

　なぜこれらの日本語がまずいかと言うと、人が study **hard enough** to pass an exam する場合、その人は試験に合格するのに**必要な量の勉強**（the amount of work necessary）**しかしない**からです。太郎の勤勉さは、「十分に勉強する」とか「一生懸命に勉強する」といった日本語よりもはるかに程度の低いものです。この英文を、「太郎が一生懸命勉強した」と解釈するネイティブスピーカーは1人もいないと思います。試験に通るのに必要な勉強量がどれほどのものかは明示されていませんが、例えば、3つの数学の公式を暗記するだけで間に合うとすれば、太郎はたぶんそれらを暗記しただけでそれ以上のことは何もしなかったということです。

　そこで、元の日本文を忠実に翻訳すると、

Taro studied/worked very hard and passed the exam.

のようになります。なお、試験に関しては、(○) pass exams/fail exams とは言えますが、(×) succeed in exams/fail in exams とは言えません（英和辞典から何を教わろうと）。fail **in** physics（あるいは、そのほかの具体的な学科）なら可能ですが、この場合も fail physics のほうが一般的でしょう。

　試験合格に必要な勉強量は人によって差があるのがふつうですから、これを具体的な数値で表すことは難しいかもしれません。しかし、次

のようなケースなら、比較的簡単に数量化できます。

例えば、(テレビのあるドキュメンタリー番組で知ったのですが)アメリカクロクマ (black bear) の足の速さは、最高時速で約 30 マイル (約 48 キロ) だそうです。ということは、もしあなたが時速 31 マイル (約 50 キロ) で走ることができれば(!)、最高時速で襲ってくるアメリカクロクマから逃げるのに必要な (necessary) 速さを満たしている (fast enough) ことになります。

同じように、人が old enough to get a driver's license になった場合、その人はその国で免許証を取得するのに必要な (necessary) 最少年齢に達したという意味です。日本ではそれは 18 歳ですね。したがって、

He is old **enough** to get a driver's license.

のような文は、ほとんど常に、18〜20 歳あたりの人物について述べたもので、これを 40 歳の人に当てはめるのはナンセンスです。同様に、He is old **enough** to know better. (彼はもっと分別があっていい年頃だ) という日本人もよく知っている例文を、13 歳以上の人に対して使うのも、少々滑稽な感じがします(一応、13 歳 (-teen のつく最少年齢) としましたが、信頼するに足る道徳的・倫理的判断を人間が下せるようになる正確な年齢について、ここで云々するつもりはありません)。

副詞としてしか使用できない too とは異なり、enough にはほかにもいくつかの文法的機能があります。enough は、some や many などのように、**限定詞**や**数量詞**や**代名詞**としてもよく使われています。

(1)　My parents were in the fortunate position of having **enough** money to buy a house without taking out a mortgage.

(不定限定詞。ただし、日本人の先生の多くは、この enough を「形容詞」と教えているようです。そう考えていただいても特に問題はありません)

私の両親はローンを組まなくても家を購入できるほど恵まれた境遇にあった。

(2) If **enough** of the group members are willing to drive, no one will need to go by train.（数量詞）

グループの中で運転してもいいと言う人の数が足りれば、誰も電車で行く必要はない。

(3) A: Would you like some more soup?
    B: No, thanks; I've had **enough**.（不定代名詞）
    A: スープをもう少しいかがですか。
    B: いいえ、もう十分です。

　副詞用法と同じように、上の3つの例文でも、enough は as much/many as is/are needed（必要なだけの量・数）という根本的意味を保持しています。したがって、最初の2つの例文を「十分」を使って和訳した場合、原文の意味が大きく変わってしまうおそれがあります。(1) の文からわかるのは、仮に「私の両親」の家が10万ドルだったとすれば、彼らは少なくともそれだけの金額は所有していたということです。もちろん、それ以上、あるいはそれよりはるかに多くのお金を持っていた可能性も十分考えられますが、英語の原文自体は、「彼らはその家を買うのに必要なお金を持っていた」(they had the amount necessary to buy their house) と伝えているにすぎません。「十分なお金」とすれば、彼らが「たくさんのお金」(a lot of money) を持っていて、それは家を買うのに必要な額を優に超えていた、と解釈されるおそれがあります。

　例文 (2) も同じように考えて、例えばそのグループの人数が30人で、車1台が5人乗りだとすれば、30÷5＝6人の運転手がいれば、

誰も電車を利用する必要はなくなります。

　例文 (3) では、Bの受け応えを「もう十分いただきました」のように和訳しても間違いではないでしょう。なぜなら、日本語では、このように答えるのが最も自然な(礼儀正しい)応答の仕方であるように思われるからです。ただしこの日本文は、実際には英文よりも**ずっと丁寧な言い方**です。それどころか英文のほうは、相手がウエイターか親しい友人、あるいは家族の一員でもない限り、適切さに欠ける表現とさえ言えるでしょう。例えば、このいずれの分類にも属さない人があなたに食事をご馳走したりあなたと会食したりしている場合、その人に興味があるのは、あなたがその食事を楽しんでいるかどうかであって、たんにあなたが「必要」な量の食物 (as much food as is necessary) を摂取できているかどうかではないはずです(いったい何のために「必要」な？　餓死を免れるために?!)。I've had enough. という答え方がなぜ politeness (礼儀正さ、丁寧さ)の点で望ましくないかは、この英語を「必要な量はいただきました」という日本語に置き換えてみればはっきりすると思います。おそらく、「もういい」などの日本語のほうが I've had enough. に近いのではないでしょうか。

♦ plenty

　それでは、英語での礼儀正しい応答の仕方とはどのようなものでしょうか。いろいろな言い方が考えられますが、一番簡単な解決法は、enough を **plenty** に置き換えてみることです。

I've had **plenty**.
　もう十分いただきました。

　plenty は、a large amount/number (of) とか more than enough といった意味で、ここでは enough よりも「十分」に近いと思われます。ただ、1つ問題なのは、この語は enough よりも文法的機能が

限られているということです。plenty が最もよく使われるのは、上の例のような**代名詞**用法か、次のような**数量詞**としての用法です。

>There's **plenty** of information about language schools in the library.
>その図書館には語学学校についての情報が豊富にあります。

plenty を**限定詞として使うことはできません**。したがって、p. 198 で挙げた、

>My parents were in the fortunate position of having enough money to buy a house without taking out a mortgage.

という文の enough を plenty で置き換えることはできません。ただし、enough の前に more than をつけて plenty と同じような意味を表すことは可能です。

plenty にはまた、**副詞**としての機能もあります。その場合最もよく使われているのが、**plenty + more** のかたちです。

- There's **plenty more** beer in the refrigerator.
  冷蔵庫にはまだたくさんビールがあります。
- I can give you **plenty more** examples if you like.
  よろしければもっと多くの例を挙げることができます。

また、くだけた英語では、plenty が形容詞・副詞 + enough の前にくること (This room's **plenty big enough** for one person. (この部屋は1人で使うには十分すぎるくらい広い)/He spoke **plenty long enough**. (彼はもう十分話した))や、さらには単独の形容詞・副詞の前にくる場合もあります。ただし、この2つの用法は、英語の

使い方に慎重な人にはあまりお勧めできません。

◆「十分」が使えそうな場合

enough が日本語の「十分」とうまく対応するのは、**否定的なコメント**をするときです（日本語の「十分」も、よく「もう」のあとにきて否定的な（皮肉の）意味を表しますね）。「否定的なコメント」とは、**必要なことがなされた・起こった・存在するので、それ以上のことはする・起こる・存在すべきではない**、言い換えれば、**もうやめにしてほしい**、という話し手の意見を指しています。

- I've had **enough** of this for one day. Let's go home.
 今日はもうこれくらいでいい。帰ろうよ。
- That's **enough**. (You've said enough!) Shut up!
 もうたくさんだ。(もう十分言っただろ!) やめてくれ!
- I think you've already done quite **enough** for him; you shouldn't help him anymore.
 彼にはもう十分してあげたじゃないですか。これ以上助けることはないですよ。
- He's already shown you **enough** gratitude, and you can't expect any more.
 彼はあなたにもう十分感謝しましたよ。これ以上期待するのは無理というものです。
- You've already had **enough** to drink for one day; you shouldn't have any more.
 今日はもう十分飲んだでしょ。それ以上はやめておいたほうがいいですよ。
- We watched only the first five minutes of the movie, and that was **enough**.
 その映画は最初の5分しか見なかった。もうそれで十分だった。

- How does he expect us to do this? We already have **enough** work to do without any more!
  どうして彼は我々にこれをやってもらえると思っているのだろう。今の仕事だけでも手いっぱいだというのに。
- You've studied **enough** for one night; why don't you go to bed?
  今晩は十分勉強したわよ。もう寝たら。
- The situation was already bad **enough** when the second earthquake struck.
  二度目の地震が起こったとき、状況はすでに手のつけられないほどひどいものになっていた。

例文中の enough はいずれも as much as is necessary (必要なだけ) という意味を保持しているものの、そこに皮肉のニュアンス (as much as can be tolerated/expected (容認できるほど・期待するだけ)) が込められていることに気づくでしょう。このニュアンスがはっきりと表れてくるのが、I've had enough (of it). という有名なイディオムで、これは I'm fed up (with it). (もう、うんざりだ)に代わる表現としてよく使われています。I've had enough. が Would you like some more soup? に対する丁寧な応答になりえないもう1つの理由が、ここにあるのかもしれません。

*

それでは、本項冒頭の例文に戻ります。

- John was **too** short to reach the top shelf.
  ジョンは背が低くて一番上の棚に手が届かなかった。
- John wasn't tall **enough** to reach the top shelf.

ジョンは一番上の棚に手が届くほど背が高くはなかった。

いずれの文も結果は同じ(一番上の棚に手が届かなかった)ですが、真意が異なります。too と enough のどちらが適切かは、何を強調したいかによります。too には否定的な意味合いがありますから、これを用いて肯定的なコメントをする状況は非常に限られています。too short を用いた上の文にも当然否定的な響きがあり、その内容はジョンにとってけっして気持ちのいいものではありません。しかし逆に、話し手が故意に意地悪なコメントをしようとしているのなら、この文は不適切ではないことになります。

要するに、someone is too short to do something は、その人の背が明らかに「低い」(つまり、男の子であれば、それは一般にあまり望ましい特徴ではない)ということを伝えているわけです。それに対して、someone is not tall enough to do something からは、それだけでその人の背が低いと断定することはできません。聞き手はほかに情報が与えられていなければ、John wasn't tall enough ... という文からジョンの背が低いというより、むしろ棚の背が高いと想像するでしょう。例えば、tall enough to reach the top shelf であるためには 2.5 メートルの背丈が必要だといった状況も考えられるわけです。したがって、上の 2 組の文はけっして「=」ではないのです。

- Most of the students were **too** stupid to answer the question.
  大半の学生は頭が悪くて質問に答えられなかった。
  (少なくとも話し手の考えでは、大半の学生は明らかに「頭が悪かった」)
- Few of the students were clever **enough** to answer the question.
  学生の中にその質問に答えられるほど頭のよい者はほとんどいなかった。

(必ずしも大半の学生の「頭が悪かった」とは限りません——その質問に答えることのできた、ほんの一握りの学生は、「超」がつくほど頭がよかったのかもしれません)

- This coffee is **too** hot for me to drink.
  このコーヒーは熱すぎて飲めない。
  (そのコーヒーは明らかに「熱い」)
- This coffee isn't cool **enough** for me to drink.
  (妙な文です。これでは、必ずしも熱いとは限らないという意味が含まれてしまいます(飲めないのに?)。ただし、次のような文にすれば問題はありません: **Even after the coffee had stood for ten minutes**, it still wasn't cool enough for me to drink. (10分もそのままにしておいたのに、そのコーヒーはまだ飲めるほど冷めてはいなかった)

一見肯定的なことを言っていると思える too を使った文でも、よく考えてみるとそうでない場合がほとんどです。

He studied **too** hard to pass the exam.

He drove **too** fast to appreciate the scenery. (彼はスピードを出しすぎて景色を楽しむことができなかった)という文と同じで、この文もまた、何かが不可能だったということを伝えています。つまり「彼」は、実際に試験に落ちてしまったということです。「彼」は試験開始の直前までがんばりすぎて、試験の最中に眠り込んでしまったのかもしれません(このようなことを表現するのに too ... to 〜 のパターンを使うのはちょっと考えにくいのですが、少なくとも不可能ではありません)。それに対して He studied hard **enough** to pass the exam. という文は、すでに説明したように、必ずしも「彼」が一生懸命勉強したことを示しているわけではありません。

15. 副詞の用法(その 10)

~ so ... that 構文と「因果関係」~

　前回の終わりに、「彼は勉強しすぎて試験に合格できなかった」という内容を、He studied too hard to pass the exam. と too ... to ~ のパターンを用いて表すことは「ちょっと考えにくい」と書きました。では、自然な表現方法とはどのようなものでしょうか。

　例によっていくつもの可能性があります。やはり、この場合も too を使うことが可能です。

He studied **too** hard and ended up failing the exam.
彼は勉強しすぎて、試験に落ちた。

　このように end up を加えたほうが文としてはずっとよくなります。なぜなら、study hard の結果が、通常予想される結果とは違ったものになっているからです(もっとも、too が「肯定的な」行為と結びついている時点で、意外な結果を予想させはしますが)。
　もう 1 つの方法は、so ... that ~ のパターンを使うことです。

He studied **so** hard **that** he ended up failing the exam.

　so にはほかにもいくつかの機能がありますが——例えば、行為や状況の結果または影響を表す節を導く接続詞としての機能 (It was raining, **so** we decided not to go. (雨が降っていたので、私たちは行かないことにした))、あるいは、代動詞と結びつく機能 (I wouldn't recommend you to go there, but if you decide to do **so**, be careful. (そこへは行かないほうがいいと思いますが、もし行くのなら気をつけ

[206]

てくださいね))——、今回取り上げるのは、上の例文に見られるような、強意の副詞としての so の機能です。

上の例文における副詞の hard は so ... that 〜 のパターンによって非常に強められていますが、それは「**「行為」**(he studied hard) がどのような結果をもたらしたか (he failed the exam) を述べる」という単純な仕掛けによるものです。この仕掛けは、副詞よりもむしろ形容詞に対して使われ、「行為」だけでなく**「状況」**の程度を強める働きもします。

It was **so** cold (**that**) my hands went completely numb.
寒さで手がかじかんで動かなくなった。
(このパターンではしばしば that は省略されます)

さらに、このパターンが情緒的反応を示す動詞 (love, like, enjoy, despise, etc.) を直接修飾する場合もあります。

Professor Wilkins **so** hated the works of Thomas Mann (**that**) he never even mentioned them in his lectures on twentieth-century German Literature.
ウィルキンズ教授はトーマス・マンの作品が大嫌いだったので、20世紀ドイツ文学の講義中、その作品に言及することさえなかった。

もっとも、この動詞修飾の用法は、大半のネイティブスピーカーに古臭いとか堅苦しいといった印象を与えるものです。このような文では、**so much that** のほうがはるかによく使われています。

I enjoyed the movie **so much** (**that**) I went to see it another four times!

その映画はとても面白かったので、そのあと4回も見に行きました。

どれも簡単な用法ですが、学生の使い方に時々問題が見られることも事実です。

因果関係が重要

まず大事なのは、このパターンを使うことにより、修飾している形容詞または副詞が非常に強められているということです。さらに、that節は文の前半で述べられる行為や状況の明確な結果を表現していなければなりません。この結果は必ずしも意外な内容である必要はないものの(ただし、しばしば意外な内容です)、少なくともある程度極端なものでなければなりません。そして同時に、**その結果は、論理的に問題のないものでなければならない**のです。ばかばかしい例を1つ挙げれば、

(×) The train was so crowded that I ordered *ton-katsu* for lunch.
電車がとても混んでいたので、私はお昼にとんかつを注文した。

という言い方は明らかに不可能です。2つの節のあいだに論理的整合性はまったくありません(ね?)。このパターンは「行為・状況+結果」(action/situation + result)としてより「因果関係」(cause and effect)として捉えるほうが正確かもしれません。つまり、文の前半の部分は、that節で示される結果の直接の原因でなければならないということです。満員電車に乗ったこととお昼に「とんかつ」を注文することの因果関係は、そう簡単に理解できるものではないでしょう。

このパターンによる強調の度合いがどれくらいのものであるとか、

結果・影響に論理的な問題があってはならない(意外な・極端な内容ではあっても)といったことを、学生たちは十分に理解していないようで、彼らは単純に2つの節を結びつけるのに都合のよい方法としてこのパターンを利用することがあります。その結果、次のような不適切な文が生み出されることになります。

(?) I was so shocked by the news that I told my friends about it. (?)
　　私はその知らせにとてもショックを受けたので、友人に話した。
(×) Our teacher is so nice that he tells us about his childhood.
　　担任の先生はとてもいい人なので、私たちに子供の頃の思い出話を聞かせてくれます。

　最初の文は必ずしも間違いというわけではありません。ただし、that 節に示された結果には一見したところ驚くべき点がないこと、さらに少しも極端な内容でないことから(論理的には許容できるものの)、この文は次の2つの可能性のうち少なくとも一方を含んでいることになります。

① 話し手は友人に何かを話すということがほとんどないのだが、今回は例外だった(この可能性が考えられるのは、ふつうは友人に何かを話す価値があると考えるのに、大きなショックを受ける必要はないからです)。
② 話し手はそのことを誰にも話してはならなかった。それなのに話してしまった。

　2つ目の例文は、不適切であることがもっとはっきりしています。先生が学生にプライベートな話を聞かせることは、中には嫌がる先生もいるでしょうが、別に珍しいことでも極端なことでもありません。

さらに、「満員電車ととんかつ」ほどひどい例ではないにしても、やはり being nice（よい先生であること）と telling students about one's childhood（学生たちに自分の子供の頃の思い出を聞かせること）の論理関係が不明瞭です。学生に思い出話を聞かせることだけでなく、学生の怠惰ぶりを批判することも、being nice の結果にはなりえます。また、being nice のほうが、being boring（退屈な先生であること）や being unpleasant（楽しくない先生であること）より、思い出話をする原因になりやすいとも考えられません。子供時代の思い出話をするということは、結局、学生の考えるこの先生の niceness の一面（niceness の「結果」ではなく）にすぎないと言えるのではないでしょうか。

もう少し簡単な例を挙げましょう。いかにも学生の間違えそうな例です。

(×) The house is <u>so</u> big <u>that</u> it has 20 bedrooms.
その家はとても大きいので寝室が 20 もある。

家が大きいことは、寝室が 20 あることの「原因」にはなりません。因果関係をはっきりさせたければむしろ逆にすべきで、寝室が 20 あるという事実が家が大きいことの原因です。この文で求められる因果関係とは次のようなものです。

- The house is **so** big **that** you can easily get lost in it.
その家はとても大きいのですぐ迷子になるよ。
- The house is **so** big **that** it takes ten full-time staff to keep it clean.
その家はとても大きいのできれいにしておくには専任のスタッフが 10 人必要だ。
- Our teacher is **so** nice **that** nobody ever cuts his classes.

担任の先生はとてもいい人なので誰1人として授業をさぼりません。
- Our teacher is **so** nice **that** even Suzuki likes him.
担任の先生はとてもいい人なので鈴木君でさえ先生が好きだ。

なお、接続詞の so を使う際にも奇妙な文を作る学生がいますが、この場合も、因果関係、あるいは行為・状況と結果といった論理関係の必要性をきちんと理解していないことが原因です。

Our teacher is very nice, so he tells us about his childhood.
担任の先生はとてもいい人です。それで子供の頃の思い出話をしてくれます。

という文も、so の前後の論理関係が明確でないため奇妙な(間違いとまではいかなくとも)文になっています。先ほども述べたように、子供時代の思い出話をするということは、「いい人である」ことの「結果」というより、学生から見た先生の niceness の一面にすぎません。この文は and を使ったほうがずっとよくなります。

Our teacher is very nice, **and** he often tells us about his childhood.

強調の so を単独で用いる場合

周知のとおり、強調の so は that 節がなくても使用可能です。ネイティブスピーカーも、特に会話では、よく that 節なしで使っています。

- I'm **so** busy.

私はとても忙しい。
- He is **so** annoying.
  あいつはうるさい奴だ。
- It's **so** hot, isn't it?
  とても暑いですね。

この so に関しては特に問題となるようなところはありませんが、それでもあまり頻繁に使いすぎると、ネイティブスピーカーの中には気取っていると感じる人や、うるさいと感じる人さえいるかもしれません。それを避けるために、so を very や really などの「高い程度」の副詞と混ぜてバランスよく使うことをお勧めします。

また、これには異論もあるでしょうが、このような so は、そのときの状況に合った that 節を「想定」しにくいような場合はあまり使わないほうがいい、というのが私の考えです。

- (Well, it's very kind of you to invite me, but) I'm **so** busy (that I can't possibly spend time socializing for the foreseeable future).
  (お招きいただき大変ありがたいのですが)今は非常に忙しい(ので、しばらくおつき合いする時間が取れそうにありません)。
- (What a meeting!) Richard's **so** annoying (that I never want to attend another meeting with him).
  (何て会議だ!)リチャードがうるさくてしょうがない(あいつとは二度と会議に出る気がしないね)。

では、隣人の佐藤さんについて友人に話しているような場合はどうでしょう。

He's <u>so</u> old.

15. 副詞の用法(その10)

　この文のあとにはどのような内容が想定できるでしょうか。He's so old (that . . .)。納得のいくかたちで that 節を完成させるには、that に否定的な内容を続ける以外なさそうです（. . . that he's a nuisance to everyone（みんなのお荷物になっている）/ . . . that he can't last much longer（もう長くはない））。したがって、この文の場合は so ではなく very などを使うべきでしょう（He's very old.）。

　強調の so を単独で使っても誰も異議を唱えないであろう用法が 2 つあります。1 つは、**何か思いがけない事態が生じたり、あるいは人が予想外の、またはその人らしくない行為をしたりした**ときに使われる用法です。

- I was amazed to hear that the firm had gone bankrupt: it had always seemed **so** secure.
  その会社が破綻したと聞いてびっくりしました。とても安定した会社だという印象があったので。
- I can't believe he said that — he's normally **so** polite.
  彼がそんなことを言ったなんて信じられません。普段はとても礼儀正しい人なので。
- That's the second time in a month that the car has broken down! It had always been **so** reliable.
  その車が故障するのはこれでひと月のあいだに二度目だ。前は本当に頼りになったんだが。

　このような文では so + 形容詞のあとに、容易に that 節（that it is/was totally unexpected）を想定することができます。

　そしてもう 1 つの用法は、**他人の判断に異議を唱える**用法です。

- A: I think the proposal is ridiculous.
  B: What's **so** ridiculous about it? It seems perfectly accept-

able to me.
A: その提案はばかげていると思う。
B: どこがばかげていると言うの？ 私にはまったく問題ないように思えるけど。

- Why are you **so** angry about the cancellation? It's not their fault.
キャンセルのことでどうしてそんなに怒っているの？ あの人たちのせいじゃないでしょ。
- What's **so** bad about taking an hour off for lunch?
1時間の昼休みを取ることがどうしてそんなにいけないの？

such ... that ～

以上の so ... that ～ は、副詞や形容詞ではなく名詞を強調するときに使われる **such ... that ～** に相当します。

- We were in **such** a hurry (**that**) we forgot to lock the door.
私たちはとても急いでいたのでドアに鍵を掛けるのを忘れた。
- His school grades have become **such** a problem (**that**) he has given up the idea of going to university.
学校の成績が問題で、彼は大学進学をあきらめた。

言うまでもなく、このパターンを利用できる名詞の数は限られています。とりわけ**程度を明示できる名詞**を使う必要があります。a slight/great problem, a slight/great increase, a slight/great improvement, of little/great/importance, etc. ただし、**すでに形容詞によって修飾されている名詞であれば、どのような名詞でもこのパターンを使うことが可能**です（その場合、such は名詞よりもむしろ形容詞を強調しています——当然、その形容詞は段階的な形容詞でなけ

ればなりません(→ p. 45))。

- (○) It's **such a good car that** I can't bear to part with it.
- (×) It's such a car that ...
  それはとてもいい車なので手放すに忍びない。
- (○) Mike is **such a persuasive speaker that** he's sure to make a great politician.
- (×) Mike is such a speaker that ...
  マイクはとても説得力のある話し方をするので、きっと立派な政治家になると思う。

これらの例は so ... that 〜 を使って書き換えることも可能ですが (It's **so good a car that** ...)が、such ... that 〜 のほうがはるかによく使われています。

強調の副詞 that

副詞としての that の用法は特に珍しいものではありませんが、日本人にはあまり馴染みがないようです。

The situation isn't **that** bad.
状況はそんなには悪くない。

強調を表す程度の副詞 that は、否定文か、あるいは使用頻度は低くなりますが、疑問文の中だけで使われるのがふつうです。上の文は次のような書き換えが可能です。

- The situation is not as bad as someone has suggested it is.
  状況は誰かが考えているほど悪くはない。

- The situation is not as bad as it might be.
  状況はそこまで悪くはない。

ほかにも例を挙げましょう。

- We were told the job would be very difficult, but actually it wasn't **that** hard.
  その仕事は大変だと聞いていたが、実際にはそれほどでもなかった。
- We'll try to get the work done by tomorrow, but it's not **that** likely we'll be able to.
  (つまり、it's not very/particularly likely . . .)
  明日までにその仕事を仕上げるよう努力してみますが、あまり自信がありません。
- Is the operation really **that** dangerous?
  (つまり、as dangerous as you/someone said it is)
  その手術は本当にそんなに危険なのですか。

that が肯定文の中で純粋に強調のために使われることもありますが (I was **that** upset I could have cried. (私は気が動転して泣き出したいくらいだった))、私の見るところ、このような文は一部の方言でしか用いられないのがふつうです。したがって「スタンダードな英語」を志向する人はこのような使い方はしないほうがよいでしょう。

ただし、**すでに述べられた事柄の程度を確認する**ためであれば、肯定文でも「スタンダード」な用法になります。

- A: Do you think this could lead to war?
  B: Yes, the situation is **that** serious.
  (つまり、as serious as you indicate/as serious as that)
  A: これは戦争につながると思いますか。

B: ええ、状況はそれくらい深刻です。
- A: The temperature went down to minus 20 in London yesterday, according to John.
  B: Well, he might have said it was **that** cold, but I doubt it!
  A: ジョンの話では、きのうロンドンでは気温がマイナス20度まで下がったそうだよ。
  B: 確かに彼はそれくらい寒かったと言ったのかもしれないけれど、でも本当かなぁ。

16. 副詞の用法(その11)

~much~

副詞の much と形容詞・過去分詞

学生に共通する誤りの1つに、形容詞を much で修飾してしまうことが挙げられます。

- (×) The train was <u>crowded very much</u>, so I had to stand for five hours.
  電車がとても混んでいて5時間立ちっぱなしだった。
  (実は文の後半を... so I <u>kept standing</u> for five hours. としてしまう間違いのほうが多いのですが、keep...ing の用法ついては『日本人の英文法』23 章を参照)

正しくは、

- The train was **very crowded**, so I had to stand for five hours.
- The train was **so crowded** that I had to stand for five hours.

などとしなければなりません。
　この手の間違いが最も起こりやすいのは、例文のように、形容詞が一見過去分詞のように見える場合です。しかし、これは単純にどちらが正しいと割り切れるものではありません。crowded を形容詞と分類することは簡単でも、それを過去分詞で「ない」と分類することはけっして簡単ではないからです。
　ただ、仮にこの語をあくまで分詞と主張するにしても、少なくとも

この正解文における crowded が形容詞として使われていることは認めなければならないでしょう。そして、**過去分詞が形容詞のように扱われている場合**には、(形容詞が一般にそうであるように)**その過去分詞は通常 much で修飾すべきではない**のです。

- Those present all appeared to be **very** interested.
  ((×?) much interested)
  その場に居合わせた人はみなとても興味を持っているようだった。
- Strangely, my parents seemed happy to see their house full of **highly** excited children.
  ((×?) much excited)
  不思議なことに、私の両親はとても興奮した子供たちで家がいっぱいなのを見て喜んでいるようだった。

(いずれの例も？については後述)

♦ 例外について

例外としてすぐに思い浮かぶのは、**much mistaken** です。

He's in the army, unless I'm **much mistaken**.
私の思い違いでなければ、彼は軍人のはずだ。
(基本的にこれは決まり文句で、much の前に very を伴うのがふつうです)

また、much が過去分詞と結びついて、often に近い意味を表したり (a **much-discussed** problem (たびたび論じられる問題))、程度を強調したり (some **much-needed** funds (大いに必要とされている資金))する場合もあります。

さらに、much——というよりむしろ very much——を使って修飾することのできる、過去分詞以外の形容詞もいくつか存在します。

とりわけ、綴りが a- で始まる単語がこれに相当します。

- The twins are **very much** alike.
  その双子はそっくりだ。
  (very だけでも意味はほとんど変わりません)
- We're all **very much** aware of the patience required to see the project through.
  そのプロジェクトをやり遂げるのにどれだけの忍耐が必要か、我々はみな十分承知している。
  (ただし、well/fully aware などのほうが一般的かもしれません)

過去分詞が受動態の一部である場合には、much (very much のほうがよく使われます) による修飾が可能なものもありますが、そのような文は大半のネイティブスピーカーに堅苦しいとか古臭いといった印象を与えてしまいます。

(1) The number of part-timers has been **much** reduced since the recession set in.
    不況が始まって以来、パートタイムで働く人の数がずいぶんと減少している。
(2) I was **very much** offended by their attitude.
    私は彼らの態度にとても腹が立った。

堅苦しい・古臭いというだけでなく、このような文はまた、much で修飾できる過去分詞とそうでない過去分詞を明確に分類することが難しいので(多くは修飾できません)、この種の文を使うときには much 以外の副詞を選ぶようにすべきでしょう。どの過去分詞にどの副詞がふさわしいかはコロケーション(語と語の結びつき)の問題であり、それについてここで詳しく検討する余裕はありませんが、少なくと

も **greatly** という語はよく使われています。この語は上記 (1) (2) のいずれの文に用いてもまったく問題ありません。

一方、単独の very はこのような文では使わないのがふつうです (単独の very は動詞を修飾できないので)。したがって、上の例文 (1) で、very reduced と言うことはできません。ところが例文 (2) では、very offended は間違いどころか、むしろごく自然な言い回しと言ってもいいものです。なぜなら、**offended は受動文中で、しかも by ... (動作主)を伴って使われる場合でさえ、ネイティブスピーカーには形容詞と感じられる**からです。同じことは**情緒的反応を表す大半の過去分詞**に当てはまります (surprised, shocked, bored, scared, excited, etc.)。

形容詞のように「感じられる」という理由だけで、受動文中の過去分詞を very で修飾することがはたして正しいのか、という問題は議論の別れるところです。似たようなケースは受動態以外にもたくさんあります。例えば、典型的なのが、different than です。

different は形容詞でも比較級ではないからこの言い方は間違いである、と言う人は少なくないでしょう。私もそのように教わりましたし、日本人学習者の多くも同じように教わったと思います。しかし、different は比較級ではない(そのように「感じられ」はするものの)という理由で different than に異議を唱えるなら、同じ理由で **no** different, **any** different, **little** different にも異議を唱える (a little different に対立するものとして。もちろん a little different も使用可能です)のが筋というものでしょう。ところが、こちらの使い方に対する異論を私は一度も耳にしたことがありません。

さらに不思議なのは、上のような使い方ができるにもかかわらず、much different はあまり使われていないということです (much は比較級を修飾するときにもよく使われるのですが)——これはふつう **very** different と言います。ところが、この表現は、否定の **not much** different のかたちでは、実は少しも珍しい言い方ではないの

です(!)。

　要するに、教養あるネイティブスピーカーの言葉にも、「厳密には正しくない」言い回しが広く使われているということなのでしょう。結論を言えば、何か改まった文章を書く場合には different than は避けたほうがよいかもしれません(日常会話ならもちろん使ってかまいませんが、私自身は使いません)——different than は確かによく使われているものの、これを誤りとみなす人も少なくありませんので。I was **very offended** by their attitude. のような文を批判する人は今ではごく少数でしょうが、この言い方も 100 年前には多くの人に批判されていたのだと思います。different than もおそらく 100 年経てばほとんどの人に受け入れられているような気がしますが、断定はできません。

　ところで、p. 219 に次のような例文を示しました。

- Those present all appeared to be **very** interested.
  ((×?) much interested)
- Strangely, my parents seemed happy to see their house full of **highly** excited children.
  ((×?) much excited)

単純に (×) としていいものかずいぶん迷ったのですが、そのような判定を下せば異論が出てくることは十分予想できます。もちろん、much interested や much excited が文法的観点からすれば必ずしも間違いでないことは承知しています——? を加えたのはそのためです。しかしまた、今ではこのような使い方をする人はまずいないであろうことも、私はよく承知しているつもりです。

副詞の much と動詞

◆ 肯定文の場合

さて、肯定文の中で単独の much が動詞を修飾している例も、丹念に探せば少しは見つかるでしょうが(例えば、We much enjoyed the performance. のような使い方ができないわけではありません。ただし、使わないほうがいいことは確かです)、しかし、**much を単独で用いて肯定文中の動詞を修飾することは、実際にはほとんどない**と言っていいと思います。

一方、肯定文でも**一部の動詞**(けっしてすべての動詞ではありません)を修飾するために割とよく使われているのが、**very much** です。

We enjoyed the performance **very much**.
私たちはその公演を大いに楽しんだ。

enjoy のような**他動詞を修飾する場合、very much は一般にこの位置、つまり、動詞+目的語のあとにきます**(「単独の」much をこの位置で用いた正しい例文を見つけることはまず不可能でしょう)。しかし、動詞と目的語のあいだに置くことはできません。

very much はまた、動詞の直前に置くこともできますが、そのような文は、very much が通常の位置、つまり動詞+目的語のあとに置かれた文よりも、いくぶん改まった感じになります。

さらに、**that 節や to do を伴う動詞の場合には、very much の位置は動詞の直前か直後のどちらかになります。**

- I **very much** hope (that) you'll be up and about again soon.
  早く元気になることを心から願っています。
- They wanted **very much** to visit Kyoto, but in the end they

didn't have time.
彼はぜひとも京都へ行きたかったのだが、結局時間が取れなかった。

別に証拠があるわけではありませんが、この種の文では、very much は動詞の直前にくることのほうが多いのではないでしょうか。

◆ 修飾の適否についての判断の仕方

先ほど「一部の動詞」と書きましたが、肯定文において very much による修飾が可能な動詞とそうでない動詞はどのようにして区別したらよいのでしょうか。

上に挙げた例文には、enjoy, hope, want が含まれていますが、これらの動詞は very much の修飾を受けることが少なくなく、いずれも**段階的動詞**と呼ばれることのある動詞グループに分類されるものです。**段階的動詞とは、いろいろな程度で生じる行為や状況を表す動詞**のことで、例えば、**greatly** enjoy something(何かを大いに楽しむ)、**quite** enjoy something(何かを結構楽しむ)、enjoy something **to some extent**(何かをある程度楽しむ)といった言い方のできるものがこれに該当します。

特によく使われる動詞に次のようなものがあります。

① 情緒的または知的反応を表す動詞: like, dislike, enjoy, respect, admire, appreciate, look down on, regret, etc.
② ある種の刺激が与える影響を表す動詞: interest, stimulate, disappoint, annoy, bore, excite, frustrate, irritate, etc.
③ 欲求や希望を表す動詞: desire, wish, hope, want, would like, expect, etc.
④ 意見を表す動詞: agree, disagree, approve, understand, believe, etc.
⑤ 変化を表す動詞: change, increase, decrease, fall, rise, im-

prove, worsen, deteriorate, etc.

　副詞の much は **to a large extent/degree**(大いに)という意味ですから、この種の動詞を(very とともに)修飾するのは別に珍しいことではありません。ただし、「この種の動詞」というところに注意してください。あらゆる動詞ではありません。また、very much は上のどの動詞を修飾することも「可能」だとは思いますが、コロケーションから別の副詞を選択するほうがいい場合もあります。さらに、very much による修飾が可能かどうかが文中の動詞の意味に左右される場合もあります。

(○) I **very much** understand your motives, but I still don't approve of what you did.
　　動機はよくわかります。でもあなたのしたことがよいことだとは思いません。

はまずまずです(ただし、コロケーションを考えれば completely/fully understand のほうが一般的でしょう)。しかし、

(×) I very much understand this mathematical theory.

はいけません。最初の文の understand は sympathize with ...(...の気持ちを理解する、共感する)という意味で、完全な段階動詞と言えますが、あとの文の understand は「解釈する」という意味にすぎないからです。同じことは believe についても言えます。

(○) I **very much** believe that we are doing the right thing.
　　我々のしていることは正しいと確信しています。

は問題ありませんが(ただしこれも、strongly/firmly believe のほうが一般的かもしれません)、

(×) I very much believe the story.

はダメです。不可とされる2つの文の「理解」「信用」の程度もまた段階的（gradable）ではないか、という反論も間違ってはいません。この2つの文における understand と believe が very much による修飾に向いていないのは、おそらくどちらの動詞も、最初の文とは異なり、情緒的な内容を欠いていることが理由ではないかと思われます。

一方、「段階的動詞」のグループに入らない動詞の場合には（大半の動詞は入りません）、肯定文中で very much を使って修飾することはできません。

(×) We played tennis very much during the vacation.
(×) Edward very much drives to work.
(×) Makiko goes shopping very much.

♦ 否定文の場合

much と否定文の関係になると、これまでとは事情がまったく違ってきます。

1つには、**否定文中では much を単独で(すなわち、very なしで)用いることができます**。段階的動詞を含む文が否定文になった場合ももちろん可能です。

- I don't like hot food **very much**.
  私は辛い食べ物はあまり好きではない。
- The idea doesn't interest me **much**.
  そのアイデアにはあまり興味がない。

ご存知のとおり、この2つの否定文は肯定文と「正」反対の意味を表しているわけではありません。not + (very) much はそのような働きをしないからです。例えば、I like hot food very much. という文では、very much は like の程度を非常に強めており、I like hot food. よりも like の程度がはるかに高いことを示していますが、一方、否定文の I don't like hot food very much. では、dislike の程度は I don't like hot food. よりも弱くなります。この違いは、「辛いものはあまり好きではない」と「辛いものは好きではない」という日本語訳でかなり正確に表現できるものと思われます。very を削除して don't like ... much にすれば、dislike の程度はわずかに上がることになりますが、ほとんどのネイティブスピーカーには大きな違いは感じられないでしょう(少なくとも私は感じません)。[註1)]

上の例文に見るとおり、否定文における (very) much の位置についても、肯定文の場合と同じことが言えます。ただし、**動詞の前に置く場合は、助動詞の前ではなく本動詞の前、つまり両者のあいだにきます**——They didn't **much** appreciate all the efforts we made for them. (私たちがいろいろと骨を折ってあげたのに彼らはあまりありがたがらなかった)(基本的に、much が動詞+目的語のあとにきたときよりも、動詞の前にきたときのほうが文は改まった感じになりますが、この例文のように、目的語が比較的長い場合には、そのために much を前のほうへ置く傾向があります。もちろん、あとに置くことも不可能ではありません。目的語が比較的短い文の場合 (They didn't appreciate it **much**. vs. They didn't **much** appreciate it.) には、基本どおりの違いが現れてきます)。

疑問文についても同様ですが、**疑問文では程度を表す副詞を伴わないほうが一般的**です。Do you like spicy food (very) much? (あなたは香辛料のきいた食べ物は好きですか)でも問題はありませんが、Do you like spicy food? のほうが確実によく使われています。

♦ 否定文・疑問文中の much と非段階的動詞

　肯定文中の much と否定文・疑問文中の much の用法上の大きな違いは、**否定文・疑問文中の much は「非段階的動詞」を修飾することもできる**、という点です。

- We didn't play tennis (**very**) **much** during the vacation.
  私たちは休暇中あまりテニスをしなかった。
- John doesn't drive to work (**very**) **much**.
  ジョンが車で出勤することはあまりない。
- Makiko doesn't go shopping (**very**) **much**.
  真希子はあまり買い物に行かない。

　非段階的動詞を修飾する場合、much は often の意味になります。肯定文中では通常この意味で much を使うことはできません（ただし、a much-discussed problem（たびたび論じられる問題）のような例や、too much の例（後述）は除きます）。
　疑問文中の much は、段階的動詞を修飾するよりも、この often の意味で使われることのほうが多いと言えるでしょう。

- Do you come here **much**?
  あなたはよくここへ来ますか。
- Do you see Clare **very much** these days?
  近頃はクレアによく会いますか。
- Do you go out **much** on weekends?
  週末にはよく外出しますか。

限定詞の much, many

　副詞の much は否定文・疑問文中のほうが使いやすいこと、また、

学生が一般に段階的動詞と非段階的動詞の違いをよく理解していないこと(確かに、両者の違いは必ずしも明確ではありませんが)などから、much は肯定文における誤用が目立ちます。

(1) (×) I eat fish very much.
    (○) I don't eat fish **very much**.
        魚はあまり食べません。
(2) (×) We watch TV very much these days.
    (○) We don't watch TV **very much** these days.
        私たちは近頃あまりテレビを見ない。
(3) (×) My computer freezes very much.
    (○) My computer doesn't freeze **very much**.
        私のコンピュータはフリーズすることはあまりない。

代わりに often を使えば上の肯定文はすべて正しい文になります(否定文の場合も使えます)。

◆ 否定文・疑問文の場合

また、much は副詞のほかに、a large amount/quantity of[註2) という意味の**限定詞**(正確には、some, any, few などと同じく不定限定詞)として使用することも可能です。ただし、**限定詞の much も否定文および疑問文で使われやすい**という点に注意してください。限定詞の **many** についても同じことが言えます。

- I don't eat **very much** fish.
  私はあまり魚を食べない。
- We don't watch **much** TV these days.
  私たちは近頃あまりテレビを見ない。
- I don't own **many** paintings.

私は絵画はあまり持っていません。
- Do you play **much** tennis?
テニスはよくしますか。
- Do you watch **many** movies?
映画はよく見ますか。

♦ 肯定文の場合

理論上は限定詞の much/many を肯定文中で使用することも不可能ではありませんが (I eat much fish.) が、**ネイティブスピーカーは、特に文の「目的語」を修飾する場合には、そうした使い方をあまり好まない**ようです(然るべき根拠があるのか定かではありません。たぶん、ないのでしょう)。

このような場合、ふつうは **a lot of** を使います。ご承知のとおり、a lot of は後続の名詞が可算か不可算かを心配する必要はなく、much とも many とも交換可能です。

- I eat **a lot of** fish/apples.
- We watched **a lot of** TV/baseball games.

否定文と疑問文でも a lot of は使えますが (I don't eat a lot of fish./Do you eat a lot of fish?)、否定文・疑問文では much と many で問題がないため、肯定文ほど頻繁には使われていません。

なお、**lots of** は意味・用法とも a lot of と同じですが、かなりくだけた言い方です (a lot of は堅い表現ではありませんが、比較的改まった文章にも使うことができます)。

別の副詞を考える

p. 229 の例文 (3) のように、限定詞をつけるべき目的語が文中に

ない場合は、限定詞を使うことはできません。その場合は別の副詞を考えるわけですが、どの副詞が適切かを決めるのは動詞です。例文(3)にふさわしい副詞は often でしたね (My computer freezes **very often**)。ほかにも例を挙げましょう。

(×) Tom's working <u>very much</u> at the moment.
　　→ Tom's working **very hard** at the moment.
　　トムはそのとき懸命に働いていた。
(×) He smokes <u>very much</u>.
　　→ He smokes **heavily**.
　　彼はヘビースモーカーです。

ややくだけた英語を使う場合の選択肢としては a lot があります。副詞の a lot は非常によく使われており、数量詞の a lot of/lots of 同様、堅苦しい表現がふさわしくないような状況で気軽に用いることができます。それどころか、very much を使いたくなるような(その結果、誤った文を作ってしまうような)肯定文に関しては、ほとんどいかなる文に対しても使用可能なのです。

- I eat fish **a lot**.
- We watch TV **a lot**.
- My computer freezes **a lot**.
- Tom's working **a lot** at the moment.
- He smokes **a lot**.

　否定文と疑問文に使うこともできますが、この場合も much と many で問題がないため、肯定文ほど頻繁には使われません。ただし、a lot に関しては以下の 2 点に注意してください。

① a lot は**基本的にくだけた表現**です。会話であれば、ほとんどいかなる状況でも使用可能です——ブッシュ大統領にインタヴューするようなときでも遠慮なく使ってください(ただし、エリザベス女王はあまり歓迎しないかもしれません)。

② a lot は通常、他の程度の副詞で修飾することはできません((×) very/extremely/fairly/pretty a lot など)。a lot の程度を強めたい場合は lot にアクセントを置いて発音するといいでしょう。ただし、**quite と rather を使って程度を「弱める」**ことは可能です((○) quite/rather a lot. ただし、アメリカ英語における quite の程度については p. 157 の Mini-Survey を参照)。

too much

too much は肯定文で使われることが非常に多く、他の副詞の代わりに使うこともできます(「肯定文で使われることが多い」と書くと、これまでの much の説明とは異なる印象を与えるかもしれませんが、ここでも **too の否定性**に注目しください)。

- My computer freezes **too much**.
  私のコンピュータはフリーズすることが多すぎる。
- Tom's working **too much**.
  トムは働きすぎだ。
- He smokes **too much**.
  彼はたばこを吸いすぎる。
- She respects him **too much**.
  彼女は彼を尊敬しすぎる。
- The yen has risen **too much** over recent months.
  この数ヵ月円が高くなりすぎている。

too と much の語順が入れ替わり、much が too を強調する場合にも同じ否定の機能が働いています。

- It was **much too** hot to sit outside.
  暑すぎて外では座れなかった。
- He's **much too** good to play on the B team.
  彼は B チームでプレーするにはうますぎる。

ただし、この場合の much は、比較級を修飾するときによく使われる much (Jun is **much** taller than Emily. (ジュンはエミリよりもずっと背が高い))——もちろん too は比較級ではありません——や、比較級ほど使用頻度は高くないもののけっして珍しい用法ではない最上級修飾の much (It was **much** the best vacation we have ever had. (今までとは較べものにならないほどいい休暇だった))に近いと言えるでしょう。

代名詞の much, many

先ほど、ネイティブスピーカーは肯定文において特に「目的語」を修飾する場合には、限定詞 much/many の使用を好まない、と書きました。したがって、I saw many people at the game. と較べると、Many people came to the game. のほうが違和感を与えにくく、また、We have spent much money on this project. と較べると、Much money has been spent on this project. のほうが許容しやすいと考えられますが、しかしたとえ**主語の位置であっても、非常に改まった文を除けば、a lot of のほうがはるかによく使われている**ことをつけ加えておきます。

では、**代名詞**の much/many の場合はどうでしょう。

◆ 肯定文の場合

(1) <u>Many</u> were eaten within the first five minutes.
最初の5分以内にたくさん食べられてしまった。
The children ate <u>many</u> before their mother could stop them.
子供たちは母親が止める前にたくさん食べてしまった。

(2) <u>Much</u> has been said about the problem of juvenile delinquency.
少年犯罪について多くのことが言われている。
The chairman said <u>much</u> about this problem at the meeting.
議長は会議でこの問題について大いに発言した。

まず第1に、大半のネイティブスピーカーは、many と much が文の「目的語」となっている各組の第2文を「ヘンな文」と感じるでしょう。それは限定詞の many と much が目的語を修飾している場合と同じです。この場合も特に文法的な根拠はないようですが、いずれにしても、**代名詞の many/much は肯定文中で目的語の位置を取ることはめったにありません**。もちろん例外を見つけ出すことも可能でしょうが、例外があるということは原則があるということです。どちらの文においても a lot のほうがはるかに望ましい選択肢と言えます。

第2に、代名詞というものは通常、その指示するのものがはっきりしていなければ使うことはできません。上の例文 (1) では、私たちは前後関係が与えられていなければ many が何を指しているのか判断がつきません。動詞の内容から食べ物のことらしいとの想像はつきますが、この文が意味を持つためには、「具体的にどのような食べ物であるか」をあらかじめ明確にしておく必要があります。なぜなら、

many (数) は漠然と不可算名詞の food を指すことができないからです。何の食べ物か(つまり、可算名詞であること)がはっきりしていなければ(したがって、many の指すものは cakes, sandwiches, nuts のような複数形になります)、many を代名詞として使うことはできないのです。

しかし、逆に**文脈が与えられていれば、many を「主語」にすることは可能**です(すでに述べたように、many を「目的語」にすることは望ましくありません)。

The table was piled high with cakes, and **many** were eaten within the first five minutes.
テーブルにはケーキがうずたかく積まれていたが、その多くが最初の5分以内に食べられてしまった。

これに対して、much が文の主語となっている場合 (Much was eaten within the first five minutes.) には、「具体的にどのような食べ物であるか」を知る必要は**なくなります**。動詞を手がかりとして much (量) が「不特定の」food (不可算名詞) を表すと推定することが可能となるからです。

主語の位置にある代名詞の much については、このように動詞からその意味を推定できるケースが少なくありません。このような使い方は、少年犯罪に関する上記例文 (2) のタイプの文に割とよく見られるもので、この文は文脈が与えられていなくても成立します。ほかにも、

- **Much** is written about ...
 ... について多くのことが書かれている。
- **Much** is taken for granted in parent-child relationships.
 親子関係においては多くのことが当たり前のこととされている。

- **Much** remains to be clarified on the subject of childhood epilepsy.
  小児てんかんについては未だ解明されていないことが多い。

などの例を挙げることができます。little についても同様です。

many の場合にはその指示内容が明確になっていなければならないわけですが (Comments were made about a variety of subjects, but **many** (i.e. many comments) dealt specifically with juvenile delinquency. (さまざまな問題について意見が述べられたが、その多くは少年犯罪を扱ったものだった))、実は、many にも、主語の位置を占め、前後関係なしに文として成立し、実際によく使われているケースがあります。それはこの語が **many people** を表している場合です。

Many would agree that money is the root of all evil.
金が諸悪の根元であるという考えに同意する人は多いであろう。

同じことが most, some, few, a few にも当てはまります。
くだけた会話では、代名詞の much/many を a lot に代えるのが一般的でしょうが、面白いことに、最後の例文、すなわち many が many people の意味で使われている文だけは例外です。(危険を承知で言えば) Many people would agree... より **A lot of people** would agree... のほうがよく使われています。しかし、A lot would agree... はそれほど一般的な表現ではないと思います。

◆ 否定文・疑問文の場合
否定文と疑問文の場合には、(他の用法と同じように) **代名詞の much/many を目的語の位置に置いてもまったく問題ありません。**

- There was plenty of food on the table, but we didn't eat **much**.
  テーブルの上にはたくさんの食べ物が並んでいたが、私たちはあまり食べなかった。
- I love climbing mountains, but I still haven't climbed **many**.
  私は山登りが大好きですが、それでもまだそんなには登っていません。
- Did you spend **much** on your wedding?
  結婚式の費用はだいぶかかりましたか。

代名詞の **much/many** が否定文の主語として使われるときには、限定詞用法（**Not much** information is available on this subject.（このテーマに関する情報はあまり手に入らない）/**Not many** students would be able to answer the question.（この質問に答えられる学生はあまりいないでしょう））と同様、**not は much/many の前にきます**。

- **Not much** can be said about this particular subject.
  ((×) Much cannot be said...)
  この問題に関してはあまり多くのことは言えません。
- A lot of people seemed interested in the book, but **not many** bought a copy.
  ((×) ...but many didn't buy a copy)
  多くの人がその本に興味を持っているようだったが、買った人はあまりいなかった。

註 1)　否定文中の very much を much だけにすると否定の程度が上がると書いたのは、たいていの副詞について同じことが言えるからです。She doesn't type accurately.（彼女のタイプは正確ではない）は She doesn't type **very** accurately.（彼女のタイプはあまり正確ではない）よりも非難の程度が

強いことを、また、Mark doesn't play the piano well.(マークはピアノが上手ではない)は Mark doesn't play the piano **very** well.(マークはピアノがあまり上手ではない)よりもマークのピアノの技術が劣ることを、それぞれ示しています。ただし、その意味はイントネーション、あるいは話し手が皮肉を込めようとしているかどうかに左右される場合が少なくありません。Mark doesn't play the piano very well. という文も、日本語の「あまり上手ではない」と同様、言い方によっては totally useless(まったく使いものにならない)という意味を表すことがあります。

註2) I don't eat **a large amount of** fish. と I don't eat fish **often**. は、根本的な意味は異なりますが、伝えようとしていることはほとんど変わりません。目的語が可算名詞だった場合を見てみましょう。

I don't eat **many** apples. (many = **a large number of**)
I don't eat apples **very much**.

many は "number"(何個)という意味ですが、very much のほうは "how often"(頻度(frequency))を表しています。どちらも結局はほぼ同じことを言っていますが(食べる頻度が少ない → 何個も食べない)、根本的な意味は明らかに異なります。

17. 副詞の用法(その12)

~ever と「今までに」~

　学生がなぜ I have ever been to Hong Kong. のような文を書いてしまうのか常日頃疑問に感じていたのですが——かなり単純な誤りですが、意外とよく目にします——、この点について少し調べてみようと思い、私はよく立ち寄る新宿の書店の、語学書売り場へ行ってみました。新刊や売れ行きのよい文法書が文法関係の棚の下に平積みにされています。そして、その中から適当に1冊の本を取り上げ、索引で ever を引き、該当ページを開いてみたところ、まず目に飛び込んできたのが上の文です。×印や、間違いであることを示す記述はどこにも見当たりませんでした。もちろん、捜し求めていた誤りにすぐに行き当たったのは、たんなる偶然でしょう。公平を期すために加えれば、次に手にした本には、ever は疑問文で使われ、否定文では never が使われるということがきちんと書かれてありました (ever の用法はもちろんこれだけではありません)。が、いずれにしても ever の使い方に関して、日本の英語教育関係者の一部に少々混乱が見られることは事実であるようです。

ever と疑問文

　二度目に手に取った本の解説どおり、**ever (at any time** という意味)は疑問文中で、経験について尋ねるために使われます。

Have you **ever** eaten *natto*?
納豆を食べたことはありますか。

これを否定文にすると、

I have **never** eaten *natto*.

肯定文にすると、

I have eaten *natto*.

になります。肯定文には副詞は含まれていません。過去の「経験」について述べるこの種の現在完了形の文と、I've (just/already) had lunch. のようにごく最近起きたことを述べる「完了」用法の現在完了形の文を混同するおそれがあるときには、次のように副詞を加えて「経験」用法であることを明確にする場合もありますが、そこにも ever は含まれていません。

I've eaten *natto* **before/once**[注1]**/twice/several times/rarely/often**, etc.
（ただし、rarely と often はどちらも have と eaten のあいだに置くほうが自然です）

冒頭のところで「常日頃疑問に感じていた」と書きましたが、それはこのような書き方が導入の方法として便利であっただけで、実は大して疑問など感じていなかった、というのが正直なところです。というのも、ever はたいていの日本人の頭の中で、日本語の「今までに」としっかり結びついていることを、先刻承知していたからです。

「今までに」という日本語は、Have you ever been to Hong Kong? のような疑問文を訳す際にはもちろん使っていただいて結構です。また「日本語で」あればこの種の肯定文に使用することも可能でしょう。しかし、ever が「英語で」どういう意味を表すかを考えてみれば (at any time)、I have <u>ever</u> been to Hong Kong. のような文が誤りであることは明白です。例えば、ever を at any time に置き換えた次の文は、明らかに意味をなしていません。註2)

(??) I have been to Hong Kong <u>at any time</u>.
(??) I have eaten *natto* <u>at any time</u>.

これに対して、疑問文で同じような置き換えを行った次の文は、完全に正しい英語です。

- Have you been to Hong Kong **at any time**?
- Have you eaten *natto* **at any time**?

ever と否定文

次の文は、上の原則 (ever は I've eaten *natto*. のような肯定文では使えないという原則) に対する例外のように見えるかもしれません。

I've **only ever** met him once.
彼には一度しか会ったことがない。

しかし、only は本質的に否定語であるため、これも例外ではありません。ever は**否定文の中で否定の意味を強めるために使うこともできます。**

- I hadn't **ever** heard of him before yesterday.
  彼のことはきのうまで一度も聞いたことがなかった。
- We hardly **ever** eat out these days.
  最近はめったに外食しない。

- I don't think I'll **ever** come here again.
  二度とここへ来ることはないと思う。
- She said she couldn't remember **ever** having met him before.
  彼女は彼に会った覚えは一度もないと言った。
- No writer has **ever** rivaled Shakespeare.
  シェイクスピアに並ぶ作家はまだ1人も現れていない。
- You must never **ever** do that again!
  そんなことは二度とするなよ。

　これらの文も at any time の意味を保持していることがわかります（ただし、ever と at any time の置き換えは、only や hardly を含む文ではうまくいきません）。

ever と肯定文

　これまでの説明から、「ever は肯定文では使えない」といった印象をみなさんに与えていなければいいのですが、**ever は、at any time と置き換え可能であれば、もちろん肯定文でも使用できます**。そのような使い方がよく見られるのは、**比較級や最上級**を含む文です。

- You're looking better than **ever**.
  いつにもましてお元気そうですね。
  （つまり、than at any time in the past）
- She's one of the kindest people I've **ever** met.
  彼女は私が今までに会った最も親切な人の1人だ。
  （one of the のあとの名詞は必ず複数(形)になります。例外はありません）

　また、**条件節**の中でもよく使われます。

17. 副詞の用法(その12)

- If you're **ever** in Singapore, you must visit Clarke Quay.
  シンガポールへ来ることがあれば、ぜひクラーク・キーに行ってみてください。
- You would certainly remember him if you had **ever** met him.
  会ったことがあるなら、彼のことを覚えているはずでしょうが。

さらにまた、ever は**時折、(at any time ではなく) all the time あるいは always に近い補助的な意味で使われる**ことがあります。

- Prof. Harima gave an interesting talk on the theory of an **ever**-expanding universe.
  播磨教授は拡大し続ける宇宙というものの理論について興味深い話をした。
- **Ever** the gentleman, Nick offered Lucy his jacket.
  いつも紳士であることを忘れないニックは、ルーシーに自分の上着を差し出した。
  (定冠詞の the がニックが典型的、あるいは完璧な紳士であることを示している点に注意。「皮肉」の調子を帯びやすい用法です)
- The situation is becoming **ever** more complicated.
  状況はますます複雑になりつつある。
  (more and more に近い意味)
- I have been living in Tokyo **ever** since I came to Japan.
  来日してからずっと東京に住んでいます。

4つの例文のうち上から3つ目までは比較的堅い感じがします。特に2つ目と3つ目の例は、話し言葉ではあまり使われそうにありません。

註1) once は、例文のように**現在完了時制で使われた場合、one time**

(一度)という意味になります。一方、単純な過去時制で使われた場合には、once は one time よりも **at some point in the past**（過去のある時点）の**意味を表しやすくなります。**

- There was a bookstore here **once**.
  ここにはかつて本屋さんがあった。
- We **once** lived in Toronto.
  私たちは以前トロントに住んでいた。

2つ目の例のように**動詞の前に置かれると、once は間違いなく「過去のある時点」の意味になります。**また、I played tennis **once**. のような一見曖昧な文でも、その意味はほとんどの場合、前後関係から見当がつきます。仮にそうでない場合でも、話し手はふつう「一度」の意味で使うときには once にストレスを置くか、あるいは I played tennis **only** once. のように only を加えます。

　註2）　ほとんどの場合 ever は at any time で置き換えることが可能ですが、その逆（at any time を ever で置き換えること）は必ずしも成立しません。

- (×) Call me ever.
- (○) Call me **(at) any time**.
  　　いつでも電話してください。

18. 副詞の用法(その13)

~apparently と apparent~

副詞 apparently

　apparently はネイティブスピーカーの英語には頻繁に現れるものの(『コリンズ・コウビルド英語辞典』では菱形マーク4つ)、日本人の英語にはあまり出てくることのない副詞ですが、それでも時折、比較的英語力のある人が、clearly, obviously, evidently(明らかに)などと同じ意味でこの語を使おうとして、失敗している例にお目にかかることがあります。

　apparently は、**自分の発言に 100 パーセントの確信がない**ことを示しています。

A: How's Takeshi doing these days?
B: He's in America, apparently.
A: タケシは最近どうしてるの？
B: アメリカに行ってるらしいよ。

B の応答は、

　I hear/I've heard he's in America.

と言い換えることができます。つまり、話し手にはタケシがアメリカにいるという確かな証拠(あるいは、タケシ本人からの確認)がないため、話し手はそのことを確信するまでには至っていない、ということ

です（I hear の代わりに使われる apparently は、文の始めか終わりにくるのがふつうです）。註)

apparently はまた、**seem** を使って書き換えることも可能です。この場合の **apparently** は、**100 パーセントの確信は持てないが、どうやら真実らしい、**という意味を表します。

- There is **apparently** no solution to this problem.
  → It **seems/appears** that there is no solution to this problem.
  どうやらこの問題の解決法はなさそうです。
- The students were all **apparently** drunk.
  → It **seemed/appeared** that all the students were drunk.
  学生はみな酔っ払っているようだった。
  (it seems that ... の代わりに使われる apparently は、文の中間にくるのがふつうです)。

したがって、apparently を clearly, obviously, evidently で置き換えると、文の意味が完全に変わってしまいます。clearly, obviously, evidently を用いた文では、話し手は自分の発言を確信していることになります。

形容詞 apparent

apparently の解釈の仕方に混乱が見られるのは、形容詞形の apparent の用法と関係があるのではないでしょうか。apparent は「限定用法」と「叙述用法」で意味の異なる形容詞の 1 つです。

まず、限定用法の apparent の意味は、(seem で書き換えられる場合の)副詞 apparently の意味と一致します。

- His **apparent** lack of willingness to help surprised us a little.
彼が手伝いそうにないのに私たちはいささか驚いた。
→ The fact that he **seemed** unwilling to help (although we cannot be certain that he actually was unwilling to help) surprised us a little.
(本当に手伝う気がないのか定かではないが)彼が手伝いそうに見えないという事実に私たちはいささか驚いた。
- The firm's failure to gain a foothold in the Japanese market was the **apparent** reason for the president's sudden resignation.
その会社が日本市場に足場を築けなかったことが、社長の突然の辞任の理由らしかった。
→ The company's failure to gain a foothold in the Japanese market **seemed** to be the reason for the president's sudden resignation (although we cannot be certain that it was actually the reason.)
(本当の理由かどうか定かではないが)どうやらその会社が日本市場に足場を築けなかったことが、社長が突然辞任した理由のようだった。

これに対して、**clear, obvious, evident** などとほぼ同じ意味を表すのが叙述用法の **apparent** です。

- The tension between John and his wife was **apparent** to all who knew them.
ジョンと奥さんのあいだに険悪な空気が漂っていることは、2人を知るみなの目に明らかだった。
- No doubt the reasons for his action will become **apparent** soon.

彼の動機はまもなく明らかになるでしょう。

　註）　学生の頃、次のような対話を聞いたことがあります。

A: Oh, you're here.
B: Apparently.
A: 何だ、来たんじゃないか。
B: そのようだね。

　B はミーティングには出ないと言っていたのに結局現れた学生の発言で、apparently (= I hear that I'm here.) はもちろん意図的に使われています。

19.　shall と will be...ing について

～「未来を表す時制」についての補足～

「未来を表す時制」については『日本人の英文法』の中で詳しく検討しましたが、その一方で、shall や will be...ing に触れていないとのご指摘を読者や知り合いの方からいただきました。本項で簡単に補足しておきます。

shall

　私が『日本人の英文法』で shall を取り上げなかったのは、そもそも日本人はこの語をめったに使わないため、その用法が問題となるケースが少ない、という理由からです。もっとも、ネイティブスピーカーがよく使う単語や言い回しを日本人が使っていないとすれば、それ自体問題であると言えるかもしれません。しかしこの語は、実は**日常のアメリカ英語ではほとんど使われていない**というのが、私が shall に触れなかったもう1つの理由です。

　私はアメリカ人との対話、アメリカ映画、アメリカ人作家の作品、そして私の執筆した大学用テキストにアメリカ人校正者の付したコメントなどを通じて、このことをすでに認識していましたが、今改めて *Longman Grammar of Spoken and Written English* を見てみると、そのような私の認識が間違っていなかったことがわかります。アメリカ英語とイギリス英語における法助動詞の使用頻度の差を、会話と小説のジャンル別に示した同書のグラフ（p. 488）が示すとおり、アメリカ英語では、会話においても小説においても、shall の使用頻度はきわめて低いのです。それに対して、イギリス英語では、shall は他の法助動詞と較べれば使用頻度は落ちるものの、アメリカ英語の

shall よりはよく使われていることがわかります。

♦ Shall I/we . . . ? について

イギリス英語のほうが shall の使用頻度が高いのは、イギリス英語ではこの語が**「申し出」**や**「提案」**（主語が I または we の場合のみ）などに使われることが珍しくないからではないでしょうか。

(1)　**Shall** I help you with that?
　　　手伝いましょうか。
(2)　**Shall** we go for a walk?
　　　散歩に行きましょうか。

この用法は、イギリス英語を話す人にとってはきわめて自然な用法です。特に堅苦しいという感じもしません（Would you like (me) to . . . ? と変わりません）。

私は自分の執筆するテキストに、この用法の shall を時折使うことがありますが、その度にアメリカ人の校正者から、次のような表現に換えてはどうかという指摘を受けます。

(1)′　**Do you want** me to help you with that?
　　　Would you like me to help you with that?
　　　Should I help you with that?
(2)′　**Let's** go for a walk.
　　　Do you want to go for a walk?
　　　How about going for a walk?

私は彼らの助言に従う場合もあれば、従わない場合もあります。表現が多様性に富んでいること自体は何も悪いことではありませんし、しかも Shall I/we . . . ? という言い方はアメリカ人がその意味を理解

するうえで何ら不都合を生じるものではないからです。

　will も、主語が I/we 以外であれば、「丁寧な申し出」(Will you have anther cup of tea? (お茶をもう一杯いかがですか))に使うことができますが、『日本人の英文法』(p. 86)でも指摘したように、will のこのような使い方は、イギリス英語であれアメリカ英語であれ、ネイティブスピーカーには非常に堅苦しい・古臭いと感じられるものです。ふつうは **Would you like . . . ?** などを使います。これに対して、will が「提案」に使われるような状況はまったく想像できません (Will you come for a walk? (いっしょに散歩に来てくれ)を「提案」と考えるのであれば別ですが)。

◆ 規則・規定を表す shall

　とはいえ、shall は主語が I または we でなければ使えない、と考えるのは誤りです。特に契約書や法律などの非常に形式的な文(イギリス、アメリカを問わず)では、shall はさまざまな主語とともに使われています。

- The goods **shall** be delivered by the date specified in paragraph 3.
  商品は第3パラグラフに規定された期日までに引き渡すものとする。
- Violators **shall** be subject to the following penalties.
  違反者には次の罰則を科すものとする。

　このような文の shall は、「**あることが必ず履行されなければならず (must)、もし履行されなければ規定違反や協定違反に当たる**」ことを表しています。

　上記以外のケースでは、shall はイギリス英語であれアメリカ英語であれ、多くの場合、will と置き換え可能です。しかもその場合、使

われるのはほとんど常に will のほうです。したがって、shall を教えることにあまり時間をかけない日本の学校の教育方針(もしそれが方針であるなら)は、正しいと思います。

◆ 強い「決意」を表す shall

shall については、最後に、次の用法を補足しておくべきでしょう。

米国で起きた同時多発テロ事件で、私と同じように CNN の報道に釘付けになっていた人は、アメリカ人がしばしば shall を用いて話していることに気づいたはずです。さらに、2001 年 9 月 19 日付の『ジャパンタイムズ』誌には、次のような文で終わる投書が掲載されていました。

. . . we **shall** get through this great tragedy and we **shall** become stronger because of it.
. . . 我々はこの悲劇を乗り越え、この悲劇ゆえに強くなる。

will (「必ずそうなる」との予言を表す)でもほとんど同じメッセージを伝えることができたでしょうが、書き手は shall を使うことによって、そこに**いっそう強い決意の気持ちを込め**、さらにこれが重要な点ですが、その決意に**「厳粛さ」**(**solemnity**)を加えようとしていたのだと思います。同じような例に、"I shall return."(私は必ず戻ってくる)というマッカーサーの有名な言葉があります。

will be . . . ing

shall と同様、will be . . . ing も日本人にはあまり使われていないようです。しかし、これはネイティブスピーカーにとってはごく一般的な表現パターンです。

私は数ヵ月前、かつての(優秀な)教え子から、e-mail でいくつか英

語に関する質問を受けたのですが、その中に、次のようなものがありました。

> She will be coming to Tokyo? の用法についてお尋ねします。この文は、She is bound to come to Tokyo. や She will be made to come to Tokyo. と似たような意味であると聞いたことがあります。また、この文にはいくらか丁寧なニュアンスが含まれているとどこかで読んだ覚えもあります。そのように解釈してよろしいでしょうか。

◆「予定」を表す用法

残念ながら、この文は、She is bound to... (これは、She is certain/sure to...(必ず...する)を表します)という意味でも、She will be made to...(彼女は...させられるだろう)という意味でもありません(いったい誰がそんなことを言ったのでしょう)。「丁寧さ」に関しても、まったくの無色だと思います。

私の印象では、She'll be coming to Tokyo next week. は、She is coming to Tokyo next week. のかたちを変えたもの(つまり、**「個人のスケジュール」になっている未来の行為**について述べた文)にすぎず(『日本人の英文法』1, 2章参照)、両者の意味に特別な違いは感じられません。

ただし、will be...ing は上の用法に加えて、**「(日常の)決まった仕事や手順」**を述べるときに使うこともできます。これは必ずしも「個人のスケジュール」である必要はありません。

- Hurry up — the shops**'ll be closing** soon.
  急いで。店が閉まっちゃうよ。
  (毎日何時に閉店するのかわかっています)
- I suppose your children **will be going** back to school soon.

子供さんたちは、もうすぐ学校へ戻るんでしょう？
（学校のスケジュールの一部です）

　当然、この２つの用法には「予測」のニュアンスも含まれていると考えられますが、その働きをしているのはおそらく will の部分でしょう（『日本人の英文法』3, 4 章参照）。

- There's no point trying to call him this afternoon: he**'ll be teaching**.
  彼に今日の午後電話しても無駄だよ。授業中だろうからね。
  （話し手は、今日の午後の授業が「彼」の日課の一部であることを知っていますが、それでも一種の「予測」になっています）
- We'd better go into the hall: the performance **will be starting** soon.
  もうホールに入ったほうがいい。間もなく演奏が始まるよ。

また、必ずしも未来に対する予測である必要はありません。

- You'd better not disturb him now — he**'ll be having** lunch.
  今彼の邪魔をしないほうがいいわ。昼食の最中でしょうから。
- They**'ll be enjoying** themselves in Guam at the moment, while I'm working like a dog!
  僕が一生懸命働いている今頃、彼らはグアムで楽しんでいるんだろうな。

　♦ Will S be . . . ing?
　will be . . . ing はさらに、**他人の予定が自分の予定や願望と一致しているかどうかを確かめる**ために、疑問文のかたちで使われることもあります。

- **Will you be using** the car today?
  今日、車使う？
  (妻にこう訊かれれば、私は彼女がそれ以上何も言わなくても、彼女が車を使いたがっているのだなと見当がつきます)
- **Will you be seeing** Eriko this morning?
  今日の午前中、恵理子に会う？
  (こう訊かれれば、私は恵理子に何かを渡したり、彼女から何かを受け取ったり、彼女に何かを伝えたりといった用事を頼まれるのではないかと想像できます)
- **Will you be coming** to the party?
  パーティには来てくれるんでしょう？
  (話し手は聞き手が出席することを望んでいます——少なくともうわべではそう見えます)

Are you using the car today? でも同じようなメッセージを伝えることができますが、Will you be . . . ing のほうが話し手の「願望」のニュアンスはずっと強くなります。

また、**I will be taking** a shower at 8 p.m. (夜の8時には私はシャワーを浴びているでしょう)のように、「純然たる」未来進行形の文もありますが、これは周知のとおり、他の時制における進行形 (I was taking a shower at 8 p.m. yesterday./I'm taking a shower now.) を未来時制にしたものです。言うまでもなく、これも「スケジュール」や「日常的行為」と、また、特に主語がI以外のものである場合には「予測」とも、強い結びつきのある用法です。

語句索引

A
a bit 96, 165, 167–72
a few 77, 236
a little 96, 149, 158–63, 165–72
a little bit 168
a lot 231–32, 234, 236
a lot of 77, 230–31, 233, 236
a number of 76
absence 79
absent 77–78, 80
absolute 46
absolutely 53, 153, 155, 166
absurd 166
accelerate 172
accept 155
ADJ 48
ADJ CLASSIF 47, 49
ADJ QUALIT 49
ADJ-GRADED 48
adjust 171–72
admire 224
adverb participle 85
after 96, 98, 102, 104–10, 113, 115, 117, 119, 128–129
after all 180
afterward(s) 105, 107–108
ago 96, 98, 102, 110–14, 118
agree 154–55, 224
alive 37
all 186–87
all the time 243
almost 52–53, 66, 96, 161, 173, 185–88
already 240
always 243
and 211
animal life 34
annoy 224
any 77, 221, 229
any- 42
anyone 43
anything 43
apparent 245–47
apparently 96, 245–46, 248
appear 246
appreciate 224, 227
approve 154–55, 224
arrive 101
as ~ as 187–88
as soon as 129, 176–77
at 120
at any time 239–44
at once 128–29
at the same time 129
attend 80
available 56, 67, 69–74
away 77
awful 49

B
barely 174–75, 179, 181
be 36
be absent from 77–78
be just about to 131
be just going to 132–33
be late for 143
be likely to 65
be willing to 58–59, 61
beautiful 33, 35–38, 165, 193
beautiful human life 35
before 96, 108, 110–20, 128, 240
beforehand 115
believe 154–55, 224–26
big 167
bit 165, 167–170, 172
black 48
bore 224
bored 221
bring in 90
but 97
buy 70, 71
by 1–2, 4–8, 11–12, 18–31, 95, 119–23
by the time 122–23

C
call 24–25, 86, 91
call off 86, 88
call up 91
can 63–65
certainly 63, 66
change 171–72, 224
classifying 45, 47, 49
classifying adjective 45, 49
clear 247
clearly 245–46
close 74
cold 51, 167
come in 86
comfortable 166
common 82–83
complete degree 142, 157, 159, 162–63, 166–67
completely 51–55, 142, 148, 152–55, 159–63, 166–67, 225
continue 121–22
correct 51, 53

D

dead 45, 49, 52–53
decline 172
decrease 172, 224
definitely 64–65, 155
delicious 36–37, 49–50, 52, 141
descriptive 45, 49
descriptive adjective 45, 49
desire 224
despise 207
deteriorate 172, 225
different 221–22
difficult 167, 177–78, 184
disagree 224
disappoint 224
disgusting 141, 166
dislike 224, 227
do up 91
Do you want...? 250
doubt 153
down 95
dreadful 49

E

eager 60
earlier 110–13, 115, 118–19
easy 164
eat 101
efficient 166
engraved 45
enjoy 155, 207, 223–24
enough 96, 187–89, 196–205
enthusiastic 60
entirely 155
ever 96, 239–44
every- 42, 186
everybody 42
everything 39, 43–44
evident 247
evidently 245–46
exactly 135, 142
excite 224
excited 221
expect 224
extremely 54–55, 158–59, 161–62, 166–67, 232

F

fairly 54–55, 96, 145, 147–49, 152–53, 166, 232
fall 172, 224
fantastic 49, 51–52
feel 153
few 77, 229, 236
find 69–70, 73–75
firmly 155, 226
For a beautiful life. 35
For beautiful human life 33
for his birthday 14, 32
for the first time in 79
former 37
from now 98–99, 101
frustrate 224
fully 223, 225

G

generous 56, 66–67
get 69–70, 73–75
give someone something 13
give something to someone 13
give up 90
go 101
go home 90
God 39
good 50–51, 54–55, 164–65
gradable 48, 152
great 49, 76
greatly 221, 224

H

happy 53–54, 58–59
hardly 96, 173–75, 177–85
hate 9
have 9
helpful 195

hence 98
high degree 166
highly 219, 222
hold up 90
hope 153, 223–24
horrible 49
horrid 49
hospitable 195
hot 167
How about...? 250
however 96
human life 34–35

I

ideal 141
identical 46
if 108
if you ask me 59
if you asked me 60
if you like 59
ill 37
I'm fed up (with it). 203
immediately 96, 124–29
impossible 62, 190–94
improve 172, 224
in 6–7, 95–104, 107–108, 110–12, 120
in time 137, 142–44
inconvenient 166
increase 171–72, 224
indoor 37
inefficient 166
instant 176
intention 136
interest 224, 226
irritate 224
I've had enough. 199–200, 203

J・K

Japanese 45–46
jump off 86, 88
just 96, 130–31, 133–43, 240
just a minute/second/moment 131, 134
keen 58, 60
kind 195

L

large 76–77
later 96–98, 102–105, 108, 110, 113, 115, 118–19
lazy 166
leave 101
lenient 67
let 9
Let's . . . 250
life 34–36
like 9, 11, 153, 155, 207, 224, 226–27
likely 56, 61–62, 65–66, 96
little 75, 96, 149, 158–63, 165–72, 221, 237
live 121
local 56–57
long passive 12, 18
look 36, 89
look down on 224
look forward to 95
lots of 230–31
love 9, 11, 22–23, 207

M

magnanimous 67
mail 68, 71
mailbox 67, 71
many 228–31, 233–38
married 45
marvelous 49
may 63–64
maybe 61–64, 96
medical 45, 52
medium degree 66, 151, 157–58, 162–63, 165–66
meet 101
mere 46
microscopic life 34
minute 131, 134
miss 80, 143–44
moment 131, 134, 176
more 45–49, 51, 201
most 66, 186–87, 236
much 75–76, 96, 149, 218–38
much mistaken 219
much too 233

N

name 24
narrow 167
nature 38–39, 43–44
nearly 187–88
necessary 197–200, 203
never 239–40
nevertheless 96
nice 165, 195
no 75–76, 186, 221
no- 42, 186
no sooner than 176
none 186–87
non-gradable 45, 47–48
non-gradable adjective 45
not quite 53, 55
not too 194–95
not willing 59
nothing 43
number 76–77

O

obtain 69, 74
obvious 247
obviously 245–46
of 56, 75–76
off 95
offended 221–22
often 219, 228–29, 231, 238, 240
on 95, 120
on time 139, 142–44
on Valentine's day 14, 32
once 240, 243–44
one(s) 41–42
one time 243–44
only 133–38, 171, 241, 244
open 74

P · Q

perfect 46
perhaps 61–64, 96
phrasal prepositional verb 95
phrasal verb 10, 85
place 79
plant life 34
plenty 200–201
popular 56, 82–83
possible 61–64
possibly 61–62, 64, 96
post 67–69, 71
postbox 67, 71
prepared 60
prepositional verb 11, 85
present 37
pretty 54–55, 96, 145–49, 152, 157–63, 165, 167, 232
probable 61–62, 65
probably 61–65, 96
put off 95
put up 90
put up with 95
quit 9, 62
quite 51–55, 58–59, 96, 142, 145–48, 150–52, 154–55, 157–64, 167, 224, 232

R

rarely 173, 240
rather 54–55, 96, 145, 147–51, 153–54, 157, 165, 232
read 101
ready 60
realize 154–55
really 54, 155, 167, 212
reasonably 155–58, 162
red 48
regret 224
relatively 51–54, 154–56
reluctant 59
reply 9

kind of 158

resign 62
respect 224
rest 121
retire 62
revolting 166
ridiculous 166–67
right 128, 139–41
right away 128
rise 172, 224
rural 58

S

scarcely 174–76, 179, 181
scared 221
second 131, 134, 176
see 154
seem 246–47
seldom 173
several 76–77
several times 240
shall 249–52
Shall I/we...? 250
shocked 221
short passive 11–12, 18
short-wave 45, 52, 155
should 250
since 112–13
slightly 96, 165, 168–172
small 76, 167
small degree 165–69, 171
so 96, 206–15, 218
so much that 207
so-called 56, 81, 82
some 75–77, 229, 236
some- 42
someone 43
something 42–43, 156
somewhat 155–56, 165
soon 96, 124–27, 129, 176–77
sound 36
space 39
start 101
stay 121

stay away from 80
stimulate 224
straight 128
straight away 128
strongly 155, 226
such 214–15
such...that 214–15
suspect 153
super 47–48
superb 47–49
sure 53, 55
surprised 221

T

take on 91
take off 90–91
taste 36
terrible 49–50
terribly 54, 167
terrific 47–50
terrifying 50, 52
thank 9
that 215–17
That's a pity. 195
That's a shame. 195
That's too bad. 195
the 23–25
then 96
therefore 96
think 153
to 87
to some extent 224
too 96, 148–49, 189–96, 198, 203–206, 232–33
too much 228, 232
total 46
totally 53, 155, 166
travel 101
tremendous 49
try 9
turn around 90
twice 240

U・V

uncomfortable 166–67

under 95
understand 154–55, 224–26
unemployed 45
ungradable 45, 152
ungradable adjective 45
unique 46, 52
unreasonable 182–84
until 108, 119–22
unusual 47
unwilling 59, 61
up 95
urban 58
use 70–71, 73–74
utter 46
utterly 51–53, 142, 166–67
very 3–4, 47–52, 54–55, 58–59, 66, 141, 146, 148, 158–64, 166–67, 188, 212–13, 218–29, 231–32, 237–38

W

want 9, 223–24
warm-hearted 67
watch 9
wear 121
what is called 81
what we call 81
when 108–109, 123
wide 167
will 249, 251–55
will be...ing 249, 252–55
will not 60
willing 54, 56, 58–61
wish 153, 224
with 6–7
wonderful 47, 49, 141
work 121
worsen 225
would be 59–60
would like 224
Would you like...? 250–51

T. D. ミントン（T. D. Minton）
ケンブリッジ大学セント・ジョンズ・カレッジ卒業（文学修士）。日本医科大学准教授、慶應義塾大学非常勤講師、他。著書に、『英語での医学論文の書き方』（共著、ミクス）、『コミュニケーションのための口語英作文』（共著、成美堂）、『読む聞く話す TIME』（アルク）、『英会話 Make it!』（共著、語学春秋社）、『東大英語のすべて』（共著、研究社）などがある。

青木義巳（あおき・よしみ）
東京外国語大学英米科卒業。総合商社勤務の後、私立高校の教職を経て、代々木ゼミナール専任講師を28年間務める。

KENKYUSHA

〈検印省略〉

ここがおかしい日本人の英文法 II

2002年2月25日　初版発行　　2015年5月29日　11刷発行

著　者　T. D. ミ ン ト ン
訳　者　青　木　義　巳
発行者　関　戸　雅　男
印刷所　研究社印刷株式会社

発行所　株式会社　研究社

〒102-8152
東京都千代田区富士見 2-11-3
電話　（編集）03(3288)7711（代）
　　　（営業）03(3288)7777（代）
振替　00150-9-26710
http://www.kenkyusha.co.jp/

表紙デザイン：小島良雄

© T. D. Minton & Yoshimi Aoki, 2002
ISBN 978-4-327-45153-0　C1082　Printed in Japan